Joomla!® 1.7

Begynder Guide

 redWEB. OT2SEN.DK

written by

cocoate   Hagen Graf

Joomla! 1.7
Begynder Guide

Om bogen

....

19

Introduktion

....

23

Joomla! 1.7 - Hvad er nyt?
....
62

Administrer dit indhold
....
70

Brugere og tilladelser

Administrering af udvidelser

At arbejde med Templates

Beez Templaten

Ressourcer
....
240

Om bogen

Som de fleste andre bøger har denne bog en indholdsfortegnelse, kapitler og billeder. Bogen dækker den nyeste teknologi i joomlauniverset.

Den er baseret på den succesrige Joomla 1.6 - Begynder Guide og er udvidet med flere kapitler. Alle kapitlerne er gennemarbejdede, og der er blevet taget nye screenshots, hvor det var nødvendigt.

Bogen er nyttig for både læsere, reklamefolk, forfattere, oversættere og naturligvis for Joomla-folket - fordi:

DEN ER GRATIS
Den er gratis at læse på vores hjemmeside og kan downloades som PDF.

DEN HJÆLPER DIG TIL AT LØSE DINE OPGAVER
Der er meget ny information i bogen!

DEN ER SPONSORERET
Bogen er sponsoreret af firmaer fra 15 forskellige lande og 3 forskellige verdensdele, som alle er en vigtig del af Joomla-fællesskabet.

Tak til: 2Value, 5aces, Anything Digital, B01 Consulting, EDVAS, joomla4all, Joomlapolis, JoomlArt, Migur, NetArtS, Open Source Support Desk, redWEB, SKEPSIS Consult, Sigsiu.NET GmbH, SistaSystems, TC4J - Templateclub4Joomla - David & Andreas, tec-promotion GmbH, Techjoomla, Think Network GmbH, Timble, video2brain, Vistamedia

SPONSORERNE GIVER RABATTER
Mange af disse firmaer tilbyder rabatter på deres produkter.

Tag et kig på deres reklamer i PDF'en samt deres bannere over de kapitler, de har sponsoreret.

GODT SAMARBEJDE
Udover mig selv har fire forfattere skrevet kapitler i bogen!

Tak til:

Angie Radtke - *Der Auftritt*[1]. Kapitel: The Beez Template

Andreas Kölln - *TC4J - Templateclub4Joomla*[2]: Kapitel: Must have Extensions

Henk van Cann - *2Value*[3]. Kapitel: Earning respect and money with Joomla

---

[1] http://www.der-auftritt.de/

[2] http://www.tc4j.com/

[3] http://www.2value.nl/

Jen Kramer - *4Web Inc*[4]. Kapitel: A Joomla! 1.7 Website from Scratch

DEN ER FLERSPROGET

Bogen vil snart være til rådighed på endnu flere sprog.

SPANSK - JOOMLA! 1.7 - GUÍA PARA PRINCIPIANTES

Tak til oversætteren

Isidro Baquera (Gnumla)

Tak til sponsorerne

cloudaccess, Joomlapolis, Sigsiu.NET GmbH, WEBEMPRESA

Som du kan se, er det stadig muligt at reklamere i bogen. Bestil her: Joomla! 1.7 - Guía para Principiantes [5]

TYSK - JOOMLA! 1.7 - DAS EINSTEIGERBUCH

Tak til Addison-Wesley

Bogen vil hurtigst muligt være at finde i en trykt version!

Tak til sponsorerne

Sigsiu.NET GmbH, tec-promotion GmbH

Som du kan se, er det stadig muligt at reklamere i bogen. Bestil her: Joomla! 1.7 - Das Einsteigerbuch [6]

POLSK - JOOMLA! 1.7 - PRZEWODNIK DLA POCZATKUJACYCH

Ideen til den polske oversættelse blev født i et hotel i Cieszyn og er nu godt på vej til at være færdig!

Tak til oversætterne:

Agnieszka Huczala, Barbara Szlachta, Ewa Święcka, Krzysztof Hanzel

Tak til sponsorerne

cloudaccess, Sigsiu.NET GmbH

Det er stadig muligt at reklamere i bogen: Joomla! 1.7 - Poradnik dla początkujących [7]

PORTUGISISK - JOOMLA! 1.7 - GUIA PARA INICIANTES

Tak til oversætteren:

Ricardo Dias (joomlabr [8]

---

[4] http://www.joomla4web.com/

[5] http://cocoate.com/es/node/8065

[6] http://cocoate.com/de/node/9268

[7] http://cocoate.com/pl/node/8587

[8] http://cocoate.com/pt-br/node/9518

Vi er lige begyndt at samle sponsorer. Bestil her: Joomla! 1.7 - Guia para Inciantes[9].

RUSSISK - JOOMLA! 1.7 - РУКОВОДСТВО ДЛЯ НАЧИНАЮЩИХ
Tak til oversætteren:

Alexey Baskinov[10]

Vi er lige begyndt at samle sponsorer. Bestil her: Joomla! 1.7 - Руководство для начинающих[11].

DANSK - JOOMLA 1.7 - BEGYNDER GUIDE
Tak til oversætterne:

Rikke Alrø[12]

RedWeb[13]

og til korrekturlæseren

Ole Bang Ottosen[14]

Vi er lige begyndt at samle sponsorer. Bestil her: Joomla! 1.7 - Begynder Guide[15]

VI HAR BRUG FOR DIN FEEDBACK!
Kommenter på kapitlerne i HTML versionerne og giv feedback.

BLIV INVOLVERET I DET NÆSTE PROJEKT!
Den næste Joomla! Version er lige om hjørnet.

Vær med!

---

[9] http://cocoate.com/pt-br/node/9516

[10] http://cocoate.com/ru/node/9733

[11] http://cocoate.com/ru/node/9737

[12] http://cocoate.com/da/node/9753

[13] http://cocoate.com/node/8590

[14] http://cocoate.com/node/9750

[15] http://cocoate.com/da/node/9749

Kapitel 1

Introduktion

Velkommen til Joomla! Joomla er et gratis system til at lave hjemmesider. Det er et open source projekt, der - ligesom de fleste open source projekter - er konstant i bevægelse. Det er uforudsigeligt, sommetider gådefuldt, til dels kontroversielt, ofte meget sexet og til tider lidt søvnigt og provinsielt. Måske er det derfor, Joomla har været så stor en succes i fem år nu og er populært blandt brugere over hele verden.

Ordet "joomla" er taget fra "jumla", som på swahili betyder "alle sammen". Projektet Joomla! er resultatet af en ophedet diskussion mellem The Mambo Foundation, som blev grundlagt i august 2005, og dens gruppe af udviklere. Joomla! er en videreudvikling af det succesrige system Mambo. Joomla! bliver brugt over hele verden til alt fra simple hjemmesider til komplekse webløsninger. Det er nemt at installere, nemt at bruge og meget pålideligt.

Joomla! teamet har organiseret og reorganiseret sig selv flere gange i de sidste fem år.

- Fra 2005 til 2009 blev Joomla 1.0 videreudviklet til version 1.0.15. Den udvikling blev officielt stoppet i september 2009.

- Fra 2005 bliver Joomla 1.5 stadig videreudviklet. En stabil version har været til rådighed siden januar 2008. Udviklingen af 1.5 vil officielt stoppe i april 2012.

- Fra 2008 til 2011 blev Joomla 1.6 udviklet. En stabil version har været til rådighed siden januar 2011. Joomla 1.6 endte sit liv med udgivelsen af Joomla 1.7.

- Joomla 1.7 blev udgivet i juli 2011, og den vil bane vejen for den næste lange udgivelse af Joomla i januar 2012.

Brugerne af Joomla! systemet er trofaste. Mange flyttede deres hjemmesider fra Mambo til Joomla!, og de har lært meget gennem årene. Mange brugere er også kommet til i de sidste par år, men der er stadig folk i verden, som ikke kender Joomla. Joomla! er sammen med Drupal og Wordpress det mest brugte open source content management system i verden.

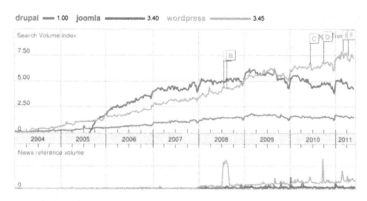

Figur 1: Google Trend 2011-06-20 worldwide Drupal, Joomla!, WordPress

På figur 1 kan man se, at Wordpress og Joomla er på samme niveau ifølge Googles søgevolumen trend. Joomla! og Wordpress bliver søgt på tre gange så ofte som Drupal. Dog har Joomlas søgevolumen været nedadgående siden 2010. Det var på tide, at Joomla reflekterede over dette i forbindelse med udgivelsen af Joomla 1.6 i januar 2011 og Joomla 1.7 i juli 2011.

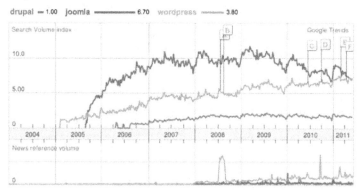

Figur 2: Google Trend 2011-06-20 Tyskland - Drupal, Joomla!, WordPress

Sammenlignet med verdensgennemsnitter er situationen i f.eks. Tyskland anderledes (figur 2). Joomla! har næsten to gange så stor en søgevolumen som Wordpress og næsten fire gange så stor som Drupal.

Her er et par statistkker fra Google Trend (tabel 1):

Country	Drupal	Joomla!	Wordpress
Tyskland	1	6.7	3.8

Frankrig	1	5.5	3.45
Italien	1	6.4	3.6
Polen	1	8.3	3.1
Spanien	1	4.05	3.85
Schweiz	1	9.5	3.4
Storbrittanien	1	2.60	3.65
USA	1	1.55	3.25
Kina	1	1.4	5

Tabel 1 Google Trend - Drupal, Joomla!, Wordpress

Der er betydningsfulde nationale forskelle i brugen af content management systemer. I Tyskland f.eks. spiller Typo3 også en rolle. Søgevolumenen her kan sammenlignes med Joomlas. I USA er ratioen mellem Joomla og Typo3 1.0 til 0.01, hvilket indikerer en ikke målbar effekt.

I februar 2011 var 2,7 % af hele internettet lavet på Joomla![16]

Mangfoldigheden i Joomla hjemmesider går fra meget enkle sider til komplekse forretningsapplikationer og projekter baseret på Joomla platformen. Det der gør Joomla så succesrig, og hvordan du kan bruge det, vil blive gennemgået i denne bog.

HVEM ER JEG?

Mit navn er Hagen Graf, jeg er 47 år, og jeg bor i Vitou i Frankrig. Jeg er gift med min drømmekvinde, og vi har fire døtre.

Mit arbejde består af mange forskellige aktiviteter såsom undervisning, rådgivning, lytning, testing, programmering, forståelse af strukturer, udvikling af nye applikationer, stille spørgsmål og hele tiden prøve nye ting.

Alt mit arbejde kan faktisk gøres online, men af og til bryder mine kunder sig ikke om 100 % online projekter, hvilket betyder, at jeg er på farten meget af tiden. Som sådan møder jeg kunder i mange forskellige lande med forskellige sprog og kulturer - jeg kører meget i bil, bus og tog, og derfor har jeg ofte meget kort respons tid på kundehenvendelser via email, facebook-beskeder og tweets.

Denne måde at arbejde på har betydning for det, jeg engang kaldte "mit kontor". Jeg er nødt til at have adgang til mine emails, billeder, videoer, tweets og dokumenter fra alle steder i verden. Mit kontor er derfor, hvor jeg er.

HVEM ER DU?

Selvfølgelig ved jeg ikke præcis, hvad du laver, men mange mennesker, jeg har arbejdet sammen med, arbejder nogenlunde på samme måde som mig selv. Ansatte i større firmaer kan dog ofte ikke arbejde så fleksibelt. Din egen erfaring med computere er sikkert magen til min. Mange af os startede med en gammel PC og et Windows system i skolen eller derhjemme og kom derigennem til at kende den hårde virkelighed med office

---

[16] w3techs.com/technologies/overview/content_management/all

applikationer, tab af data, utilstrækkelig hukommelse samt eventyr med hard drive og printer konfiguration. Det vidunderlige forhold mellem disse ting har ændret sig pga. det brugerorienterede Web 2.0 og smartphones, men det gør ikke nødvendigvis tingene lettere.

Hvis du ikke elsker at kæmpe med operationssystemer eller telefoner eller med at sortere i dine billeder og din musik og hele tiden flytte dem fra den ene maskine til den anden, så er du sikkert ligesom mig - glad når dine maskiner virker, og når du kan få adgang til dine data på internettet uden problemer. Hvis du arbejder fra et hjemmekontor, bliver problemfri systemer særlig vigtigt. Soft- og hardware, som ikke fungerer, kan hurtigt forvandle din situation til et mareridt.

Jeg skelner mellem disse brugertyper:

- **Besøgende:** De besøger en hjemmeside, og de er ligeglade med det system, du brugte for at skabe den.

- **Brugere:** De bruger hjemmesiden. De skaber indhold ved at bruge allerede definerede procedurer.

- **Webdesignere eller integratorer:** De installerer en Joomla side på en server, skaber kategorier, indhold, links og menu moduler, konfugurerer templates og sprog. De er all-rounders og har typisk hele ansvaret for hjemmesiden.

- **CSS designere:** De kan ofte bedst lide at arbejde eksklusivt med filer, som har udvidelsen .css.

- **HTML designere:** De giver CSS designere det grundlag, de skal have til deres arbejde. I Joomla skaber de såkaldte template overrides.

- **Udviklere:** De kender programsproget PHP og Javascript og kan lide at bruge dem. De udvider Joomla kernen med ekstra funktioner.

- **Arkitekter:** De koncentrerer sig om sikkerhed, hurtighed og kodekvalitet.

Webdesigneren spiller en særlig rolle i denne liste. Han skal sædvanligvis dække alle andre roller, hvilket er en stor udfordring. Mens jeg skriver denne bog, tænker jeg ofte på webdesigneren.

Et firma, en institiution, en klub, en organisation, ja, faktisk alle, har brug for en webløsning, som er brugervenlig og fleksibel. En løsning, der udvikler sig over tid, kan nemt ændres via en webbrowser, så du får det, du ønsker: En løsning som erstatter dit arkiveringsskab og din adressebog - en løsning, som kan kommunikere med forskellige andre elektroniske redskaber, og som let kan udvides.

Jeg går ud fra, at din hjemmeside allerede er der, hvor du kan forklare, hvad du og dit firma laver. Det er her, du vedligeholder forholdet til dine kunder 24 timer i døgnet, 7 dage i ugen.

Din hjemmeside indholder formentlig en samling af applikationer og data, der opsummerer dine aktiviteter. Den skulle også indeholde interfaces, så andre applikationer kan bruge dem.

Indtil for et par år siden var det svært at lave en hjemmeside. Selvom du ikke behøvede at være en ekspert, var det nødvendigt med masser af gåpåmod og erfaring for at kunne lave gode resultater. Du bør lave statiske HTML sider i en HTML editor og så uploade dem via en fil overførsel protocol til en server. For at skabe bare den mindste interaktivitet såsom kontaktformularer eller et forum, var du nødt til at lære at programmere.

Det er forståeligt, at mange mennesker ikke tog dette på sig og gav skabelsen af hjemmesider videre til webbureauer eller bare opgav projektet.

Takket være Facebook og kits som f.eks. Google Sites er det nu blevet nemmere at skabe enkle hjemmesider, men hvis du vil have noget unikt, bør du lære et content management system at kende.

Joomla! tilbyder alt det, du har brug for for at skabe din egen individuelle hjemmeside.

HVAD HANDLER DENNE BOG OM?

Først og fremmest handler den om Joomla og om, hvordan man bruger det.

Joomla! er et redskab med masser af muligheder, og du kan bruge systemet i en stor variation af konfigurationer, afhængigt af dine ideer og ønsker.
For at forbedre overskueligheden har jeg struktureret bogen således:

1. Denne introduktion

2. Showcase

3. Installation

    1. Upublicer Example Data

4. Strukturer og Termer

5. Hvad er nyt i Joomla! 1.7?

6. Administrer dit indhold

    1. Sådan laver du en 'Om Os' side

    2. En typisk artikel

    3. Strukturer dit indhold med kategorier

    4. Media Manager

    5. Kontaktformular

    6. Statuser, affald og check in

7. Hjemmeside og indholdskonfiguration

8. Templates

9. Navigation

10. Brugere og tilladelser

11. Administrer udvidelser

12. Kerne udvidelser

    1. Bannere

    2. Kontakter

    3. Beskeder

    4. Newsfeeds

HVOR LANGT VIL DINE EVNER RÆKKE EFTER AT HAVE LÆST DENNE BOG?

Selv om du er begynder, vil du kunne administrere din egen Joomla hjemmeside via en browser.

Hvis du har lidt kendskab til HTML, CSS og billedredigering, vil du også kunne skræddersy en template til din hjemmeside.

FLERE SPØRGSMÅL?

Hold dig ikke tilbage!

Jeg kan naturligvis ikke levere teknisk support. Du kan finde uanede mængder af viden i Joomla forummerne, og du vil helt klart kunne finde svar på dine spørgsmål der. Hvis du har kommentarer eller spørgsmål til bogen, skal du dog være velkommen til at skrive dem i kommentarfeltet nederst på siden.

Kapitel 2

Udstilling af Joomla!

hjemmesider

Hvordan ser hjemmesider ud, når de er lavet med Joomla?

Dette spørgsmål kan besvares meget let, for de fleste hjemmesider er baseret på Joomla! software, men en hjemmesides design bliver lavet af et bureau og derefter "forvandlet" til en Joomla! template. Derfor kan en hjemmesides udseende godt snyde. Ikke desto mindre er her nogle screenshots, som kan give dig en ide om det.

EIFFELTÅRNET
Ja, du kender jo nok denne bygning (*Figur 1*)!

Figur 1: Eiffeltårnet

Hjemmeside: http://tour-eiffel.fr/

Skaber: Mairie de Paris (http://paris.fr/)

THE HOWOLDIES
Det baskiske animationsfirma Somuga konstruerede denne side med deres originale karakterer for at demonstrere animation i et komplet Open Source miljø.(*Figur 2*).

Figur 2: THE HOWOLDIES

Lavet i Joomla! 1.6, HTML5 og på tre sprog (baskisk, spansk og engelsk).

Siden demonstrerer noget af den nyeste teknologi integreret i Joomla!

• Hjemmeside: kommer snart

• Skaber: http://www.4webinc.com/

3000+ REGERINGSHJEMMESIDER LAVET MED JOOMLA!

JoomlaGov er en udstilling af regeringshjemmesider fra hele verden lavet i Joomla! Flere end 200 lande er repræsenteret, og en måned efter dens lancering på 'J and Beyond'[17] 2011 indeholdt den mere end 3000 sider.

Denne side er et godt eksempel på, hvordan Joomla! fællesskabet[18] kan samarbejde for at fremhæve Joomla!s kvaliteter. F.eks. er den estiske præsidents hjemmeside[19] virkelig værd at tage et kig på (*Figur 3*).

---

[17] http://www.jandbeyond.org/

[18] http://joomlagov.info/about

[19] http://www.president.ee/en/

Figur 3: JoomlaGov

Hjemmesiden er lavet med Joomla!, K2 og Google Maps (API version 3).

Hjemmeside: http://www.joomlagov.info

Skaber: http://raramuridesign & http://piezoworks.be

ECOMMERCE

En dansk webshop baseret på Joomla! og redSHOP komponenten (*Figur 4*).

Figur 4: Trend Bazaar

Hjemmeside: http://www.trendbazaar.dk

Skaber: http://redweb.dk

FIRMA-HJEMMESIDE

Denne hjemmeside er en 'typisk' firma-hjemmeside. Joomla! er perfekt til denne slags hjemmesider (*Figur 5*).

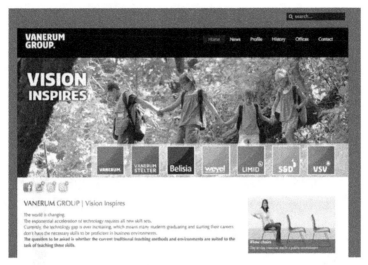

Figur 3: Vanerumgroup

Alle sider i Vanerumgroup er lavet i Joomla! 1.5. Der var og er stadig udfordringer i form af flersproglig support, syndikeringen af produkter mellem de forskellige hjemmesider og det forskellige indhold i hver region (løst med metamod).

Hjemmeside: http://www.vanerumgroup.com

Skaber: http://5aces.be

OG?

Disse hjemmesider ser ud, som hjemmesider skal se ud. :-)

Hvis jeg ikke havde fortalt dig, at de var lavet i Joomla!, ville du nok ikke have lagt mærke til det.

HVORDAN FINDER MAN JOOMLA! SIDER?

Jeg vil vise er par måder, hvor du kan finde hjemmesider, der er lavet i Joomla!.

joomla.org

Se på projektsiden! Jeg fandt de sider, jeg har vist ovenfor i Joomla! Showcase[20]. Du kan her finde mere end 2000 hjemmesider, sorteret efter kategori. Der er en månedens side, et overblik over højt rangerede sider og meget mere (*Figur 4*).

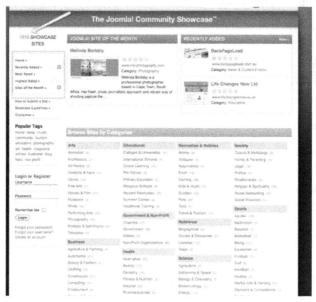

Figur 4: Joomla! Showcase

Google

Du kan søge efter *com_content*[21]. Komponenten "content" bruger denne term i URL'en på siden. I dag er denne type søgning ikke så effektiv pga. forskellige søgemaskineoptimerede URL'er, men resultatet er stadig imponerende.

---

[20] http://community.joomla.org/showcase/

[21] http://www.google.de/search?q=com_content

UNDERSØG HJEMMESIDEN TÆTTERE PÅ

Hvis du er på en hjemmeside og gerne vil vide, om den er lavet i Joomla!, så tag et kig på kildekoden. I header-sektionen kan du finde denne linje:

```
<meta name="generator" content="Joomla! -
Open Source Content Management" />
```

Du kan også skrive URL'en med linket til administrationsområdet:

```
http://example.com/administrator
```

Her er eksemplet med Eiffeltårnets hjemmeside: [22]:

Administrationsområdet fra Eiffeltårnets hjemmeside

SPØRG DINE VENNER

Jeg tweetede [23]

> I want YOUR site :) Looking for 5+ great
> Joomla! site examples for the showcase
> kapitel cocoate.com/j17/showcase plz reply a
> link+RT

> *(Jeg vil se DIN side :) Jeg leder efter 5+ gode eksempler på Joomla! hjemmesider til udstillingskapitlet cocoate.com/j17/ showcase svar med link+RT)*

og med det samme fik jeg sendt links til de sider, du kan se ovenfor!

ANDRE IDEER?

---

[22] http://www.tour-eiffel.fr/administrator/

[23] http://twitter.com//hagengraf/status/83149809338417152

Kender du andre måder, hvorpå man kan identificere Joomla! sider? Kommenter endelig.[24].

---

[24] http://cocoate.com/node/8525

Kapitel 3

Installation

Takket være web installer, kan Joomla installeres på få minutter.

For at installere Joomla på din PC, er det nødvendigt at du opsætter dit "eget internet", til hvilket du får brug for en understøttet browser, en webserver, et PHP miljø og et Joomla understøttet database system. Vi kalder det en LAMP stack [66] (eller XAMP) og et kundeserversystem. Joomla! filerne vil blive kopieret til dette system og konfigureret med Joomla web installer.

MINIMUM SYSTEM KRAV:
- en installeret og funktionel web server som f.eks. Apache eller Microsoft IIS version 1.13.19.
- PHP script sprog version 5.2.4. PHP support til MySQL og Zlib skal være i PHP. Zlib er et bibliotek, som tillader PHP at læse filpakker, som er komprimeret med ZIP-baseret teknik.
- MySQL database system version 3.23.x eller højere - til Unicode sættes MySQL 4.1.x.

INSTALLATIONSVARIANTER
- Da dette er det samme for alle PHP-baserede systemer, vil jeg henvise til kapitlet om installationsvarianter i PHP-baserede systemer.

FALDGRUBER
Dette emne er meget komplekst, fordi der er et stort antal leverandører og et endnu større antal installerede webservere, PHP, MySQL versioner og web space management værktøjer. Sandsynlige faldgruber i installationsprocessen er ofte:
- et aktiveret PHP safe mode, som forhindrer dig i at uploade filer.
- 'forbudte' omskrivningsstier i Apache web serveren, fordi Apache Rewrite Engine (mod_rewrite) ikke er aktiveret.
- directory permissions i Linux eller OSX, som er opsat anderledes end i Windows.

Den nemme måde, som næsten altid fungerer, er denne:
- Download den nuværende filpakke fra Joomla.org til din hjemme-PC og unzip alting i en temporary directory.
- Load den ikke udpakkede filpakke via FTP til din lejede server eller til din lokale installations directory. Filerne skal installeres i public directory. Disse directories hedder normalt htdocs, public_html eller html. Hvis der allerede er andre installationer i den directory, kan du udspecifere en sub directory, som du kan installere dine Joomla filer i. Mange web hosts gør det muligt for dig at tilknytte dit lejede domænenavn til et directory.
- Du skal finde navnet på din database. I de fleste tilfælde er en eller flere af dine databaser inkluderet i din web hosting pakke. Somme tider er brugernavn, databasenavn og

password allerede givet - andre gange skal du selv oprette dem. Som regel kan du gøre dette i et browser-baseret konfigurations-interface. Du vil få brug for databaseadgangs-information til Joomlas web installer.

JOOMLA! WEB INSTALLER

Download Joomla! 1.7 på joomla.org og udpak filerne ind i din root folder i webserveren (f.eks. /htdocs).

Herfra vil det hele gå meget hurtigt, fordi Joomla web installer vil gøre arbejdet for dig. Gå derefter til http://localhost/

Trin 1 - vælg sprog

Web installer viser dig et udvalg af forskellige sprog. At vælge sprog er det første i de syv installationstrin. Vælg dit sprog og klik på Next (*Figur 1*).

Figur 1: Installer – Vælg sprog

Trin 2 – Installationstjek

Installationstjek (*Figur 2*) sikrer, at dit server miljø er passende for installationen af Joomla.

Figur 2: Installer – Installationstjek

Det er et godt tegn, hvis du får flest grønne testresultater. Afhængigt af din konfiguration kan der være forskelle. Joomla! Installer tilpasser sig webserverens konfigurations settings (for det meste Apache), PHP og styresystemet. Hvis du bruger Unix Systems (Linux, Mac OS X), skal du være opmærksom på fil tilladelser. Dette er særlig vigtigt for filen configuration.php. Denne fil vil blive genereret, når installationen er ved at være færdig. Hvis installeren ikke kan skrive i den folder, kan Joomla ikke skabe filen, og installationen vil gå galt. Hvis dette sker, så prøv at konfigurere rettighederne og klik på knappen repeat check. Klik derefter på Next knappen og du vil komme til det trin, der hedder licens.

TRIN 3 – LICENS

Alle software produkter er under licens. Joomla! er under licens ifølge GNU General Public License, version 2.0 (*Figur 3*).

Joomla! 1.7 - Begynder Guide

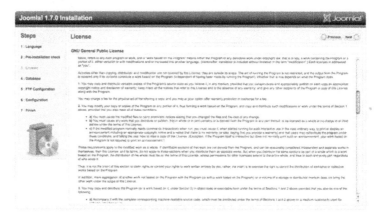

Figur 3: Installer – Licens

Trin 4 – Database

I det fjerde trin database konfiguration vil dine database parametre blive efterspurgt (*Figur 4*). Du kan skabe et uendeligt antal databaser i dit lokale severmiljø. Du har en MySQL bruger med navnet root. Useren root er MySQL aministratoren og kan derfor gøre alting i dit MySQL system. Password afhænger af dit servermiljø (det er ikke nødvendigt med en adgangskode med XAMPP, med MAMP er adgangskoden root).

Figur 4: Installer – database konfiguration

Indtast følgende i din lokale installation:

hostnavn: localhost

brugernavn: root

adgangskode: *[det ved kun du]*

Vælg nu databasenavnet. I et produktivt miljø på en databaseserver fra en leverandør, har du sikkert en fast databasequota, og databaseindstillingerne er prædefinerede. Hvis du har root tilladelse på din MySQL server, kan du indtaste et navn på den nye database. Joomla vil derefter skabe databasen.

Ved at klikke på den grønne triangel på avancerede indstillinger, vil du få flere muligheder. Du kan vælge, om tabeller fra tidligere Joomla installationer i denne database skal slettes eller gemmes og markeres med prefixet *bak_*.

MySQL prefix tabellen er meget praktisk. Foran hvert tabelnavn genereret af web installer, skriver den den tekst, du skrev ind i det passende felt. Som standard foreslår web installer en tilfældig tekst som f.eks. *w02rh_*. Der er en simpel grund til dette. Somme tider kan du måske kun få en MySQL database fra din leverandør. Hvis du vil køre to eller flere Joomla sider, har du et problem, da tabellerne ikke adskiller sig fra hinanden. Med table prefix er det muligt at adskille flere tabeller (*w01client_* eller *w02client_*). Her skal du bruge standarden *w02rh_*. Prefixet bliver også brugt til at indikere gemt data (*bak_*); se ovenfor.

Trin 5 - FTP-konfiguration

For at undgå problemer med adgangsrettigheder og PHP safe mode, kan du bruge FTP funktionerne i PHP til upload og filhåndtering. Dette er ikke nødvendigt i en lokal installation. Hvis du har installeret Joomla på en virtuel server hos din leverandør, kan du indtaste de FTP data, du har fået af din ISP. Hvis din leverandør tillader denne funktion, er det tilrådeligt at bruge den - af sikkerhedsgrunde og for at skabe forskellige FTP konti for brugere og til Joomla installationen. Aktiver FTP kontoen kun for Joomla! directory (*Figur 5*).

Figur 5: Installer – FTP-konfiguration

Trin 6 - Konfiguration

Den overordnede konfiguration er delt ind i tre trin.

I den første del af konfigurationen bliver du afkrævet navnet på din side. Navnet vil blive vist i titel baren i browser vinduet, når nogen går ind på din side. Navnet bliver også brugt mange andre steder, f.eks. i bekræftelses-emails til dine registrerede brugere. Til vores eksempel side, vil jeg bruge navnet Joomla! (Figur 6). I anden del vil navn, email-adresse og administrator password også blive afkrævet. Det er nok mest praktisk at skrive dit password ned på et stykke papir (men sæt det ikke fast på skærmen eller under tastaturet :-)).

I tredje del specificerer du datatypen, som din Joomla installation bør indeholde.

Installation af sample data

Data er det vigtigste element i din installation. Joomla! tillader (og anbefaler til begyndere) installation af sample data. Du vil få en lille manual omkring Joomla! og mange eksempler, du kan eksperimentere med uden risiko. Klik på knappen install sample data. Installeren vil loade data ind i din database og ændre på displayet (*Figur 6*). Processen er uimponerende, men nødvendig for at installere sample data. Knappen vil forsvinde og en lille tekstboks vil være synlig.

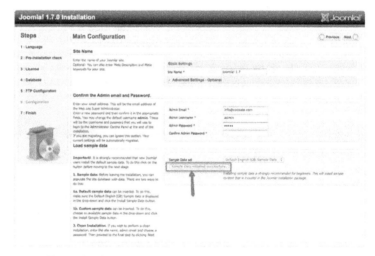

Figur 6: Installer – Konfiguration – Navn, E-Mail, Password, Sample data

Klik på knappen *Next* og data vil blive overført.

Trin 7 – Færdiggørelse

I det syvende og sidste trin vil du få besked om, at du har installeret Joomla! med succes (*Figur 7*). Tillykke! Du vil nu se en besked i store bogstaver i displayet, som opfordrer dig til at slette den directory, som hedder 'Installation'. Du burde følge dette råd, fordi din Joomla hjemmeside ellers ikke vil køre, som den skal.

Figur 7: Installer – Færdiggørelse

Obs: En fil med navnet *configuration.php* er blevet gemt i dit dokument directory. Hvis du gerne vil gentage installationen, bør du slette filen configuration.php, før du sletter installation directory. Joomla! Installer vil starte igen, når du indtaster den URL i din browser, hvor dine Joomla! filer gemt.

Nu hvor du har installeret Joomla!, kan du begynde at konfigurere din hjemmeside og dens indhold. Du har valgt mellem knapperne *Site* og *Admin* (administration interface). Se nu på din nyskabte hjemmeside - klik på Site. Hvis du endnu ikke har slettet installation directory, vil du igen blive mindet om at gøre det nu og derefter opdatere siden. Resultatet ser meget imponerende ud (*Figur 8*).

Joomla! 1.7 - Begynder Guide

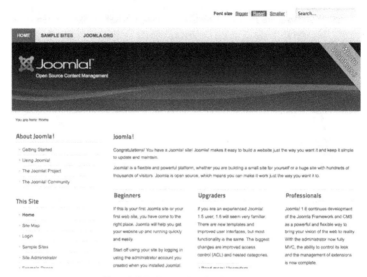

Figur 8: Din hjemmeside efter installationen.

Kig rundt, se på de forskellige muligheder og prøv at gøre dig bekendt med din nye side. Mange Joomla! features bliver brugt på denne hjemmeside fyldt med sample data. Næste skridt er at tage et tættere kig på dem!

LOCALISATION

Vil du køre din Joomla! hjemmeside i et andet sprog end engelsk, kan du gøre det på en af disse to måder:

• Download hele den lokaliserede pakke fra tilsvarende hjemmeside og installer den.

• Download sprogfilerne og installer dem. Du kan finde mere information i kapitlet om at administrere extensions kapitlet samt i det om flersprogede hjemmesider.

UPUBLICER EXAMPLE DATA

Hvis du installerer Joomla! for første gang, anbefaler jeg, at du også installerer example data. Brug den tid du skal og udforsk hjemmesiden, og hvordan den hænger sammen. Example data viser dig, hvordan hjemmesiden ser ud med indhold og kommer med små forklaringer på indhold og moduler. For at få et kort overblik kan du læse de 50 sider bag menupunktet "Using Joomla!".

Nu hvor du har set nok, vil du sikkert gerne konfigurere din hjemmeside efter dine ønsker og behov.

HVORDAN FÅR JEG EN TOM JOOMLA! ?

En tom version af Joomla! kan du få ved at:

• Installere en ny Joomla! 1.7 uden example data: Skab en ny folder i din lokale web directory (*/htdocs*) og installer den nye Joomla!. Nu har du så to komplette Joomla! installationer. Denne metode er meget god, hvis du vil træne dine Joomla! kundskaber.

• Slet example data i dit administrative område.

• Upublicer example data. Se venligst den vedhæftede video, hvori jeg viser dig, hvordan man gør det.

Hvis du beslutter dig for at følge trin 2 eller 3, får du brug for et login til det administrative område. Deri kan du slette eller/og upublicere example data og menu indhold.

Menu manager

Gå til Menu Manager i Top Menu (*Menus-> Top*), klik på tjekboksene i venstre side ovenover menupunkterne for at vælge dem allesammen og klik derefter på ikonet Unpublish. Når du har gjort det, vil du se et rødt ikon på hver menupunkt (*Figur 10*). Hvis du nu går tilbage til din hjemmeside og opdaterer den, vil du se, at top menuen ikke længere er synlig. Gentag samme procedure med *Main Menu* og *About Joomla!* menuen. Vær opmærksom på, at du skal vælge alle menupunkter, bortset fra Home/Frontpage punktet. Menuen kan ikke slettes, fordi du har brug for en forside. I det nederste område kan du ændre i antallet af viste menupunkter (*Figur 11*).

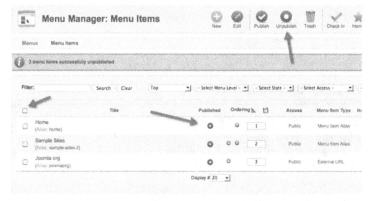

Figur 10: Menu manager I

Figur 11: Menu manager II

ARTICLE MANAGER

Brug samme procedure som beskrevet ovenfor. Åben Article Manager og vælg alle indholdselementer for at upublicere eller slette dem.

CACHE

For at sikre at alle data forsvinder fra din side, skal du slette hele cachen (Site Maintenance -> Clear Cache). Igen, vælg alt indhold og slet det.

Tom hjemmeside

Din Joomla! er nu "tom" (*Figur 12*).

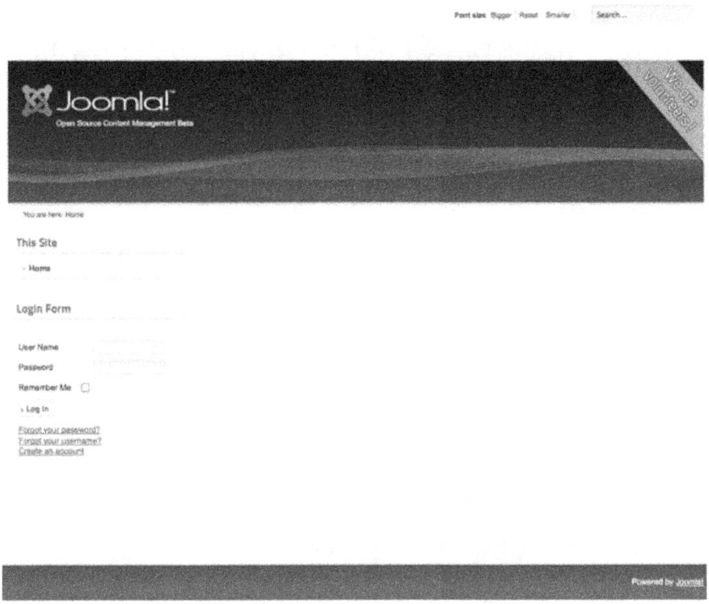

Figur 12: Joomla! uden example data

Advertisement

Reklamer i Joomla! 1.7 - Begynder Guide
http://cocoate.com/da/j17da/ad

Kapitel 4

Structurer and Termer

Jeg vil gerne forklare og klargøre nogle strukturer og termer, før vi begynder med konfigurationen.

FRONTEND

Med frontend mener vi de områder på en hjemmeside, som besøgende eller registrerede brugere ser. Som registreret bruger arbejder du som regel i frontend. Det er ligesom i en butik, hvor varene er udstillet i butiksvinduerne og på hylderne. Her kan du kigge dig omkring.

BACKEND

Dette er dit administrative område, og derfor kalder vi det bare for administration. Du kan give registrerede brugere ret til at arbejde i backend. Privilegiet er dog formentligt begrænset til medarbejdere, som administrerer forskellige opgaver på hjemmesiden. Du kan få adgang til administrationslogin via /administrator.

http://localhost/administrator

Der kan du registrere med din login information og vælge dit foretrukne sprog (*Figur 1*).

Figur 1: Joomla! Administration registration

Når du er logged ind, vil du have adgang til administrationen, som er struktureret i forhold til dine brugerrettigheder (*Figur 2*).

Figur 2: Administration

You may access each function either by using the combined menu tab system or by simply clicking an icon on the start screen. Du kan få adgang til de forskellige funktioner enten ved at bruge det kombinerede menu-fanebladssystem eller ved at klikke på et ikon på startsiden.

FILER

Joomla! består af hundredevis af filer: Billeder, PHP scripts, CSS filer, JavaScript filer og mange flere.

Du har sikkert allerede lagt mærke til det, da du pakkede den komprimerede pakke ud og kopierede den ind i htdocs folderen. Du har jo faktisk allerede installeret to Joomla! pakker: en til frontend og en til backend. 'Backend Joomla!' befinder sig i administrator folderen (*Figur 3*).

Folderen kommer frem, når du skrive /*administrator* i browseren. I folderen er der andre foldere som f.eks. *cache, komponenter, sprog, moduler* og *templates*. De specifikke backend foldere er på lager i førnævnte directories.

Du vil finde de samme folder navne igen uden for administrator folderen. Disse foldere indeholder frontend filerne. Disse er ikke egentlig to Joomla! pakker, men der er en klar adskillelse mellem backend og frontend filer.

For eksempel vil alle filer, som bliver uploaded med *Media Manager*, blive gemt i /*media* folderen. Alle filer skal gemmes med backup.

Figur 3: Joomla! 1.6 filer og folder

DATABASE

Udover filer (grafik, dokumenter, systemfiler osv.) har Joomla! også brug for en database. I installationsproceduren skaber Joomla! web installer 33 tabeller i din database (*Figur 4*). I disse tabeller vil al indhold blive administreret.

Figur 4: The Joomla! database tabeller

Når jeg siger indhold, mener jeg tekst og konfigurationssettings. Tabellerne i screenshottet bliver vist via phpMyAdmin. phpMyAdmin er en del af **XAMPP** og **MAMP** og er til rådighed via http://localhost/phpMyAdmin

Normalt skal der ikke laves ændringer i disse tabeller. Hvis du glemmer dit admin password, er phpMyAdmin en stor hjælp.

Denne software kan også bruges til backup af din database ved at skabe et såkaldt SQL dump, da dine tabeller skal sikres ofte. I kapitlet om Must have extensions vil du lære om en mere bekvem måde at tage backup af din database på.

ELEMENTER I JOOMLA!

Strukturen i Joomla! er simpel, sofistikeret og effektiv.

Joomla! går ud fra, at du vil skrive en artikel. En artikel består sædvanligvis af en titel, tekst og nogle konfigurationssettings.

Artikel

Artikler kan vises som single eller liste view.

På forsiden af din nyligt installerede Joomla! hjemmeside, vil du kunne se disse fire artikler (*Figur 5*).

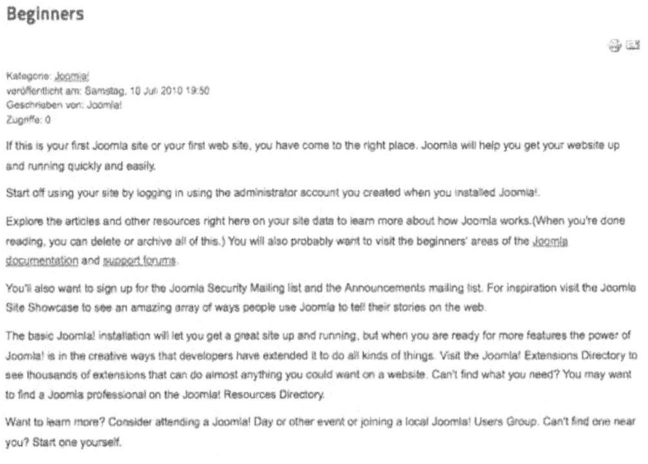

Beginners

Kategorie: Joomla!
veröffentlicht am: Samstag, 10 Juli 2010 19:50
Geschrieben von: Joomla!
Zugriffe: 0

If this is your first Joomla site or your first web site, you have come to the right place. Joomla will help you get your website up and running quickly and easily.

Start off using your site by logging in using the administrator account you created when you installed Joomla!.

Explore the articles and other resources right here on your site data to learn more about how Joomla works.(When you're done reading, you can delete or archive all of this.) You will also probably want to visit the beginners' areas of the Joomla documentation and support forums.

You'll also want to sign up for the Joomla Security Mailing list and the Announcements mailing list. For inspiration visit the Joomla Site Showcase to see an amazing array of ways people use Joomla to tell their stories on the web.

The basic Joomla! installation will let you get a great site up and running, but when you are ready for more features the power of Joomla! is in the creative ways that developers have extended it to do all kinds of things. Visit the Joomla! Extensions Directory to see thousands of extensions that can do almost anything you could want on a website. Can't find what you need? You may want to find a Joomla professional on the Joomla! Resources Directory.

Want to learn more? Consider attending a Joomla! Day or other event or joining a local Joomla! Users Group. Can't find one near you? Start one yourself.

Figur 5: Artikel på forside

Artiklerne bliver sorteret på en bestemt måde. Den første artikel er vist ved at bruge hele hjemmesidens bredde. De andre artikler er placeret under i tre klummer. Hvis artiklerne er for lange, kan du indsætte et *læs mere* link. Denne repræsentation er et liste view. Ved at klikke på *læs mere* linket vil du blive sendt videre til en enkelt repræsentation af den artikel (*Figur 6*). Visningen kan ændres i options i backend, dog kun af en bruger med de rigtige adgangsrettigheder.

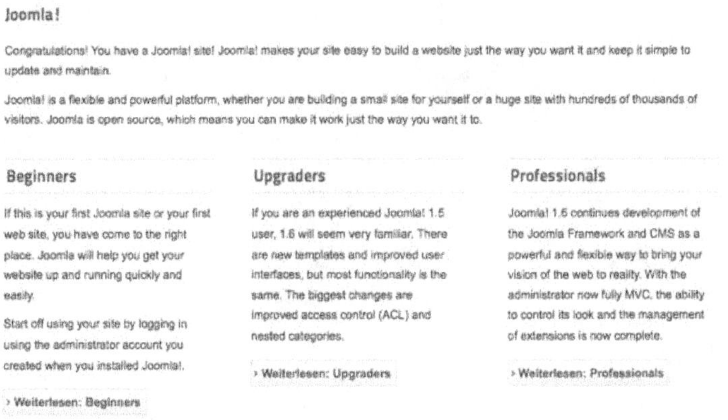

Joomla!

Congratulations! You have a Joomla! site! Joomla! makes your site easy to build a website just the way you want it and keep it simple to update and maintain.

Joomla! is a flexible and powerful platform, whether you are building a small site for yourself or a huge site with hundreds of thousands of visitors. Joomla is open source, which means you can make it work just the way you want it to.

Beginners

If this is your first Joomla site or your first web site, you have come to the right place. Joomla will help you get your website up and running quickly and easily.

Start off using your site by logging in using the administrator account you created when you installed Joomla!.

> Weiterlesen: Beginners

Upgraders

If you are an experienced Joomla! 1.5 user, 1.6 will seem very familiar. There are new templates and improved user interfaces, but most functionality is the same. The biggest changes are improved access control (ACL) and nested categories.

> Weiterlesen: Upgraders

Professionals

Joomla! 1.6 continues development of the Joomla Framework and CMS as a powerful and flexible way to bring your vision of the web to reality. With the administrator now fully MVC, the ability to control its look and the management of extensions is now complete.

> Weiterlesen: Professionals

Figur 6: single visning af en artikel

Artikler kan blive udgivet (*publish*) eller ikke udgivet (*unpublish*). Du kan vise artikler på din forside, du kan arkivere dem eller putte dem i papirkurven og tage dem op igen. Du kan kopiere og flytte dem.

KATEGORIER

For at vise dine artikler bedst muligt, kan du skabe kategorier og derefter knytte en artikel til dem. Hver artikel kan tilknyttes en kategori (*Figur 7*). Kategorierne kan have stor dybde. Artikler fra en eller flere kategorier kan blive tilknyttet et menupunkt og blive vist på mange forskellige måder. Ved at klikke på menupunktet kan alle artikler fra mange forskellige kategorier blive vist. Principppet bliver f.eks. brugt i netaviser. Du klikker på Sport og får alle de kategoriserede artiker om emnet. Hvis avisen skelner mellem forskellige former for sport, vil den bruge et kategori-træ:

- Sport
  - Fodbold
  - Håndbold
- Politik
  - Danmark
  - Europa
  - Verden

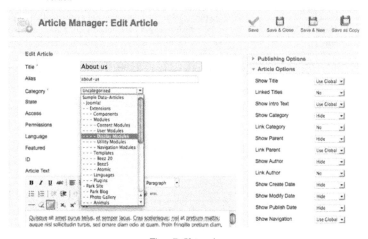

Figur 7: Kategorier

Brugere

Brugere er nødvendige for at skabe indhold. Mindst en bruger er registreret på hver Joomla! side, som f.eks. den du skabte, da du lavede installationen. Brugeren har rettigheder til at konfigurere alt på siden. Afhængigt af brugerens rettigheder kan han arbejde i frontend eller/og backend, når han skriver en artikel. Hver bruger skal have en brugernavn, en emailadresse og et password. Hver bruger kan blive tilknyttet hvilken som helst brugergruppe, på et hvilket som helst adgangsniveau. Dette giver brugeren adgang til at skabe artikler, som kun er synlige for bestemte brugergrupper.

Navigation

For at finde rundt på hjemmesiden vil du have brug for at navigere med sammenhængende links. I Joomla! kalder vi dette for en menu. Du må skabe så mange menuer, som du ønsker og pleje dem, som det passer dig. Hver menu er et modul, som kan blive sat på et bestemt område i templaten.

Modul

Et modul er noget du kan sætte ved siden af en artikel. En menu er f.eks. et modul. Den lille registrationsblok på venstre side er også et modul. Du kan skabe så mange moduler med smarte funktioner, som du har brug for og placere dem på prædefinerede områder i templaten.

Templates

En template er et grafisk mønster for din hjemmeside. Den består mest af HTML og CSS filer. Joomla! har flere forskellige templates, du kan vælge mellem. Templates kan konfigureres, hvilket gør det muligt for dig at uploade et nyt logo, ændre i baggrundsfarven osv. Hver template har områder, hvor moduler kan blive sat op (*Figur 8*).

Figur 8: Template Positioner

Joomla! 1.7 - Begynder Guide

Du kan gruppere moduler omkring en eller flere artikler.

Plug-ins

Et plug-in leverer praktisk service, men er sædvanligvis usynlig for hjemmesidens besøgende. En wysiwyg editor f.eks. er et plug-in. Plug-ins er extensions, som kan installeres et uendeligt antal gange. Kernepakken består allerede af mange brugbare plug-ins.

Komponenter

Komponenter er de små overraskelsespakker, som hjælper dig med at skabe næsten alt på dit site. Har du brug for et booking system til workshops? En platform til ejendomme? Et billedgalleri? Du skal bare installere den rigtige komponent.

Joomla! kernepakken kommer allerede med flere komponenter som f.eks. kontakt komponenten, der gør det muligt for dig at integrere kontaktformularer på din side. Der er mange komponenter, som kan forbedre dit Joomla! system.

Options

Du vil få brug for individuelle konfigurationssettings til din hjemmeside; vi kalder dem options. Disse options er tilsat hele hjemmesiden, til brugere, kategorier, moduler og komponenter. Du vil altid kunne finde et ikon, der hedder *Options*, som f.eks. denne (*Figur 9*), der gør det muligt for dig at se modulernes positioner (*Figur 8*) ved at indsætte http://localhost/index.php?tp=1
Bogstaverne tp står for template position.

Figur 9: Options

Andre strukturer

Andre strukturer til user interfaces, templates og tekniske relationer er også til rådighed. I øjeblikket vil du være godt udstyret, hvis du husker de strukturer, som er beskrevet ovenfor.

Reklamer i Joomla! 1.7 - Begynder Guide
http://cocoate.com/da/j17da/ad

Kapitel 5

Joomla! 1.7 - Hvad er nyt?

Den 19. juli blev Joomla! 1.7 udgivet, og denne version er special af flere grunde. Før jeg går i detaljer, vil jeg nævne et par brugergrupper.

JOOMLA! BRUGERGRUPPER

Der er så mange mennesker i verden, der bruger Joomla! til deres egne formål. Joomla! står nu bag 2,8 % af alle eksisterende hjemmesider i verden. Jeg vil her nævne et par af de mange Joomla! brugergrupper.

Nybegyndere

Hvis du har brug for en hjemmeside og er ny inden for Joomla!, kan du downloade og installere det, og derefter kan du nemt bygge din hjemmeside. Også hvis du kun benytter dig af kernepakken, og hvis du er nybegynder. Hvis du får brug for hjælp til at komme i gang, er her et link: http://cocoate.com/da/j17

God fornøjelse!

Webudviklere og webdesignere

En webudvikler har som regel flere eksisterende hjemmesider, der er baseret på forskellige Joomla! versioner. Han interesserer sig for om:

- Der er nogle nye features til hans kunder?
- Der er noget, som kan hjælpe ham til at blive mere produktiv?
- Der er en nem vej til opgradering?

Webprogrammører

- De kender programmeringssprogene **PHP** og JavaScript og kan lide at bruge dem.
- De skaber ekstra udvidelser til Joomla! kernen.
- Programmører tænker altid i nye funktioner og i produktivitet.

Serviceleverandører

- De har en forretning og leverer services som hosting og kurser samt udvikling af udvidelser og temaer.

Arkitekter

- De koncentrerer sig om sikkerhed, hurtighed og kodekvalitet.

Joomla! lederteams

- De leder projektet og skal videregive en klar vision for det.

Joomla! community

Alle grupperne, som er nævnt ovenfor, er eller kunne være medlemmer af fællesskabet i Joomla! community. Spørg dig selv, hvad du forventer af en ny version af Joomla.

De fleste af de nævnte grupper spørger sig selv:

• Er Joomla! den rette løsning til mine behov?

• Kan jeg tjene penge på det?

HVAD ER NYT I JOOMLA! 1.7

For folk, der ser på bruger interfacet eller på de synlige features, har jeg en kort besked. Jeg har undersøgt user interfacet i alfa versionen, og der er kun en tjekboks tilføjet i mass mail komponenten. Det er altså nu muligt at inkludere eller udelukke blokerede brugere i en mass mail. Dette er en god feature, men den er ikke banebrydende.

Introduktion til den nye Release Cyklus

Så ny er den heller ikke, men det nødvendigt at forstå den. I 2010 blev en ny release cyklus med korte og lange releases introduceret for Joomla!.

Hver sjette måned vil en ny version af Joomla! blive udgivet. Det begyndte med Joomla! 1.6 i Januar 2011 som den første korte release, og det fortsætter nu med Joomla! 1.7 som den anden korte release.

Efter tre korte releases vil en lang release blive udgivet.

Det betyder, at en lang release vil blive udgivet hver 18. måned.

Den første lange release vil blive Joomla! 1.8 i januar 2012.

Jeg har fundet to grafiske præsentationer af Gnumax[25] og Sander Potjer[26] som viser den nye release cyklus (*Figur 1, Figur 2*).

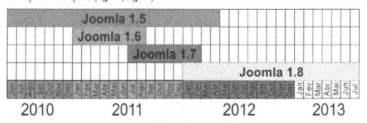

Figur 1: Den nye release cyklus

---

[25] http://twitter.com/gnumax

[26] http://twitter.com/sanderpotjer

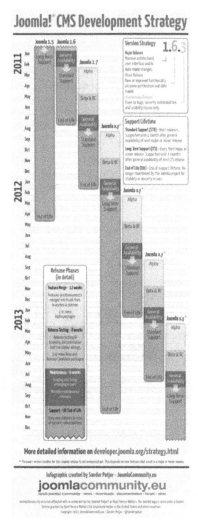

Figur 2:Joomla Udviklingsstrategi

Support

Hvordan fungerer support i den nye release cyklus?

Lange releases

Hvis du ser på den eksisterende Joomla! 1.5 som en lang release, vil den få support tre måneder efter den næste lange release. Det betyder, at du ikke behøver at opgradere din Joomla! 1.5 hjemmeside til Joomla! 1.7. Men i januar 2012, hvor den næste lange release bliver udgivet, skal du begynde at tænke på at gøre det, og i april 2012 skal du helt sikkert gøre det.

Korte releases

Support for en kort release slutter med udgivelsen af den næste korte release.

Opdater/Opgrader

Hvis du bruger den nyeste version af Joomla!, er opdateringsprocessen nem - det er et enkelt klik i backenden.

Hvis du bruger en ældre version af Joomla!, kan du opgradere ved hjælp af jUpgrade komponenten, som er lavet af Matias Aguirre.

Vær opmærksom på, at det ikke er nødvendigt at opgradere en Joomla! 1.5 side til Joomla! 1.7, men det vil gøre dit liv nemmere, når Joomla! 1.8 bliver udgivet.

Introduktion til Joomla! platformen

Dette er den første release af Joomla!, hvor kernepakken består af to dele

1. Joomla! platformen

2. Joomla! content management systemet

JOOMLA! PLATFORM 11.2

Ideen til opdelingen blev født efter lanceringen af Joomla! 1.0 i 2005, og det tog næsten 6 år at implementere det.

Det blev udgivet 4. juli, og det vil ændre måden, hvorpå programmører, arkitekter og serviceleverandører bruger Joomla! i fremtiden.

You'll Go Gaga

Over the New Joomla! Platform Release.

Figur 3: Lavet af http://cmsexpo.net/joomla-concept

Det er ikke helt forkert at sige "going Gaga" :)

Lad os kigge nærmere på det.

Numering

Det der forvirrede mig mest, da jeg afprøvede denne version, var numeringen. Men jeg fandt et meget simpelt svar på det.

Version 11.1 er den faktiske Joomla! Platform version, og der første store release var 11.2. Numeringsplanen for platformen består af årstal fulgt af sekvensnummer, så 11.1 var den første release i 2011. Den næste release, som kom 4. juli, var 11.2.

Den første release i 2012 vil blive numeret 12.1.

Release cyklus

Hver tredje måned vil en ny version af Joomla! platformen blive released.

Pakke indhold

Platformpakken består af filer opbevaret i folderne /librarier og /media. Platformen har ikke noget user interface.

Platformens kildekode bliver opbevaret i Git version control systemet GitHub[27].

- kode: https://github.com/joomla/joomla-platform

---

[27] http://en.wikipedia.org/wiki/Github

- medlemmer:https://github.com/joomla/joomla-platform/network/members

Fordele ved opdelingen

1. Den gør det muligt for programmører at bruge Joomla! platformen uafhængigt af CMS. Det betyder, at du kan benytte forskellige CMS baseret på Joomla! platformen i fremtiden. Dette er nærmest revolutionært! Joomla! er det eneste system i verden, der gør dette muligt. Der er stadig et kerne CMS, leveret af Joomla! projektet, men andre projekter som f.eks. Molajo kunne sagtens også bruge Joomla! platformen som base.

2. Den gør det muligt for programmører at bidrage med nye funktioner hurtigere. Før i tiden var det meget frustrerende at opleve, at god kode ikke altid blev inkluderet i Joomla! kernen. Når Joomla! platformen nu bliver opbevaret på GitHub, er det meget nemt at bruge den til ens egne formål, og det er nemt at integrere din kode i main branch.

3. 3-måneds release cyklus
Med den korte release cyklus er det muligt at tilføje features til platformen meget hurtigere end direkte i CMS. Det er brugbart for webprogrammører at kunne tilføje kerne features, som er nødvendige for udvidelser af systemet.

4. Det opfordrer til rekruttering af flere programmører, især i større firmaer, som ellers ikke ville have bidraget. Dette punkt er vigtigt, og det vil virke, når platformens ansvarlige team begynder at tage de nye ansigter til sig!

KONKLUSION

Releasen af Joomla! 1.7 og Joomla! Platform 11.2 vil ikke introducere noget, som er teknisk nyt, men det er begyndelsen på en ny fase i Joomla! projektet.

For at vende tilbage til overskriften:

Jeg vil mene, at Joomla! platformen er det vigtigste i projektet.

Det er nemt at skrive et CMS, men det er svært at planlægge, konstruere og vedligeholde en langsigtet platform.

Måske er dette den sande, virkelige begyndelse på Joomla! projektet! Skal du være med?!!

Kapitel 6

Administrer dit indhold

Et content management system er skabt til at lave indhold eller "content" - hvem skulle tro det?! Så det næste spørgsmål er: Hvad er indhold?

In media production and publishing, content is information and experiences that may provide value for an end-user/audience in specific contexts

I medie- og forlagsbranchen er indhold information og erfaringer, som kan skabe værdi for brugere/publikummer i en bestemt kontekst

(*Wikipedia* [28]).

Ok, men hvad er det, der skaber værdi?

Spørgsmålet er svært at svare på og meget individuelt, men jeg tror du nu har en ide om, hvad indhold er i et content management system som Joomla!.

A content management system is useful for managing information that provides value for your audience

Et content management system er brugbart til at administrere information, som skaber værdi for dit publikum

(*Hagen Graf :-)*).

FORSKELLIGE TYPER INDHOLD

I kerne Joomla! kan du opbevare artikler, kategorier, web links, bannere, kontakter og feeds. Jeg ved ikke, om det er muligt at skabe vædi med bannere, men bannere er også en form for indhold. Moduler kan også bruges til at skabe indhold. Ofte kan du berige dit indhold med filer som billeder og andre medietyper. Du kan gøre det med Joomlas Media Manager. Det er, hvad Joomla! kernen leverer - din værktøjskasse til at administrere alle de forskellige stumper, som skal skabe værdi til dit publikum. Jeg vil komme ind på disse værktøjer i de næste par kapitler.

Hvis det ikke er nok for dig, kan du udbygge Joomla! med såkaldte content construction kits [29] som K2[30], FlexiContent[31] eller CCK jSeblod [32] og mange andre udvidelser, men det er stof til en helt anden bog. :-)

---

[28] http://en.wikipedia.org/wiki/Content_%28media%29

[29] http://extensions.joomla.org/extensions/news-production/content-construction

[30] http://getk2.org

[31] http://www.flexicontent.org/

[32] http://www.seblod.com/

SÅDAN LAVER DU EN "OM OS" SIDE

Klar til en udfordring? Lad os lave den første side på din nye hjemmeside. Det skal være *en om os side*, hvor du kan skrive om dit firma, dit projekt eller dig selv. For det meste indeholder en sådan side en titel, noget tekst og måske et par billeder.

Statisk vs. dynamisk indhold

En "om os" side bliver normalt lavet i en omgang - den kan nås via et link i menuen, og det eneste du behøver at gøre ved den i fremtiden er at lave små ændringer i indholdet, så det hele tiden er korrekt. Det er statisk indhold. En pressemeddelse eller et blogindlæg er dynamisk indhold.

• Det gælder for statiske sider, i kontrast til dynamiske, at information om hvornår de er oprettet, og hvem der har gjort det, ikke rigtig betyder noget.

• Statiske sider kan normalt nås via et menu link, mens dynamiske sider kan nås via lister.

Planen

'Om os' siden bør bestå af følgende elementer:

• en titel

• en tekst

• et billede

• Siden skal ikke være på forsiden

• Der skal være et link til siden i topmenuen

Dette lyder måske enkelt :-). Start med at logge ind i administrationsdelen!

Trin 1 - Skab indhold

Gå til Article Manager (*Indhold -> Article Manager*). Der kan du måske stadig se dine upublicerede sample data (*Figur 1*).

Figur 1: Article manager

Klik på ikonet for at komme til den rigtige formular og tilføj derefter titel og tekst. Vælg "uncategorized" som kategori i det øverste panel under titlen. Denne kategori blev skabt, da du installerede *example data*. Feltet *Featured* indikerer, hvor indholdet skal vises i *featured blog layout*, som for det meste bruges til forsiden. Det virker stadig i Joomla! 1.7, men termerne kan let misforstås. Vælg No. I editor vinduet kan du nu indsætte din tekst. Joomla! har standard editoren *TinyMCE* (*Figur 2*).

Figur 2: Article redigeringsformular

Sådan indsætter du et billede fra en URL

Som et første eksempel vil vi bruge et allerede eksisterende billede på nettet. F.eks. dette: http://farm2.static.flickr.com/1198/898250237_78a0e75cba_m.jpg *(Figur 3)*

Figur 3: Example image

Bevæg curseren til det sted i teksten, hvor du gerne vil indsætte billedet. Klik på billedikonet i værktøjslinjen og indsæt billedets URL i pop-op vinduet. Konfigurer billedet med venstrejustering og brug 10 pixels på lodret og vandret plads *(Figur 4)*.

Joomla! 1.7 - Begynder Guide

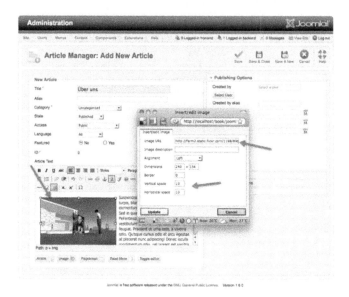

Figur 4: Indsæt billede

Billedet vil kunne ses i dit editor vindue. Klik på Gem, og dit element vil blive opbevaret. Der er flere måder at gemme det på:

• Gem - elementet er gemt. Formularen er ikke lukket. Sådan kan du gemme, når du vil fortætte med at arbejde på det.

• Gem & Luk - elementet er gemt, og formularen bliver lukket.

• Gem & Ny - elementet er gemt, formularen bliver lukket, og en ny tom artikel åbner sig.

Gå ud af formularen.

Trin 2 - skab et menu link

Artiklen er skabt, men den vises ikke på hjemmesiden. For at den kan blive vist, har vi brug for et link!

Klik på Ny ikonet i *Menu manager* i topmenuen (*Menu → Top*).

Tip: Positionen hedder Top i standard templaten. Hvis du ikke bruger standard templaten og example data, vil Top menuen ikke eksistere eller have et andet navn.

Klik 'Vælg' knappen ved siden af feltet Menu element type. Et vindue med forskellige links vil poppe op. Klik på linket *single artikel (Figur 5)*.

Figur 5: Vælg en menu element type

Nu skal du vælge den ønskede artikel. Klik på knappen *Vælg/Ændre* i det højre panel (*Vælg Artikel*) for at vælge den. Du vil se en søgeboks med alle artikler. Hvis du ikke kan finde din artikel på siden med det samme, kan du filtrere listen ved at skrive noget af artiklens titel i søgeboksen og derefter klikke på den korrekte artikels titel i resultatlisten (*Figur 6*).

Figur 6: Menu type - single artikel - vælg artikel

Indtast en titel for linket "Om Os" og vær sikker på, at *top* er valgt i menu location. Vi venter med at gennemgå de resterende muligheder i settings.

Trin 3 - 'Om Os' på hjemmesiden

Hvis du nu loader frontend hjemmesiden, vil du opdage det nye link i topmenuen. Klik på det og du vil komme til at se om os indholdet - tillykke! Du har skabt din første side (*Figur 7*).

Figur 7: Om os side

Trin 4 - billede upload

Hvis dit billede ikke allerede er til rådighed på internettet, vil du kunne uploade det fra din PC. Lad os gennemgå eksemplet sammen. Gå til Article Manager (*Indhold* → *Article manager*). Hvis du ikke kan finde din artikel, kan du nemt finde den ved at bruge søgeboksen. Vælg artiklens titel, og redigeringsformularen vil åbne sig. Slet det linkede billede fra teksten.

Under editor vinduet kan du finde Billede knappen. Denne knap starter en dialog boks som kan uploade et billede. Du kan vælge mellem eksisterende billeder eller uploade nye (*Figur 8*).

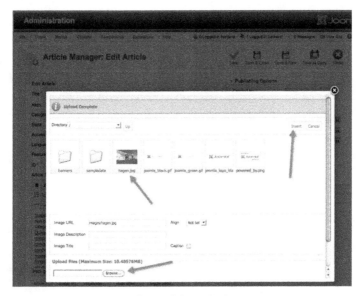

Figur 8: Billede upload

Når først billedet er blevet indsat i teksten, kan formatteringen ændres ved at bruge billede ikonet i editor værktøjslinjen. Denne opdeling af funktioner i Joomla! blev udvalgt med vilje, fordi du så har muligheden for at bruge forskellige editors. Joomla! Billede knappen vil altid være den samme, men billedets formattering i editoren kan være forskellig.

Attention: Joomla! bruger billeder, som de er. Billederne størrelse vil altså ikke blive ændret!

For at løse dette problem, kan du med fordel læse Brian Teemans blogindlæg: Making Joomla Idiot Proof[33] - måske er FBoxBot[34] til rådighed for Joomla! 1.7, når du læser dette.

---

[33] http://brian.teeman.net/tips-and-tricks/making-joomla-idiot-proof-part-1.html

[34] http://extensions.joomla.org/extensions/photos-a-images/articles-images/1162

EN TYPISK ARTIKEL

Følgende elementer skal normalt tages med i betragtning, når du skal skabe en artikel til din hjemmeside:

- en tekst med et eller flere billeder

- en teaser tekst til liste views med et læs mere link, der peger tilbage på den hele artikel.

- Artiklen bør vises på forsiden og har ikke behov for et menulink.

- nice to have: en planlagt puliceringsdato

- nice to have: en printer-venlig version til besøgende, som gerne vil printe artiklen

- nice to have: en mulighed for at videresende artiklen via email

START

Artiklen bør vises på forsiden af din hjemmeside. Hvis du slettede, ikke installerede eller ændrede i dine sample data, vil din Joomla! forside ligne den i *Figur 1*. Det er naturligvis ikke en dårlig ting, hvis poster skal vises. :-)

Figur 1: Tom hjemmeside

Når du logger ind i administrationsområdet, vil du se et ikon, der hedder Tilføj Ny Artikel.

Du kan enten klikke på ikonet eller få adgang til det via *Indhold* → *Artikel Manager* → *Tilføj Ny Artikel (Figur 2)*

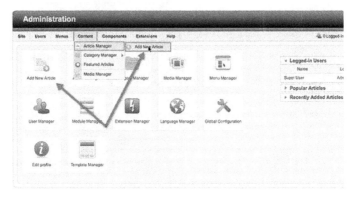

Figur 2: Administrationsområdet

Artikel formular

Nu er du i artikel formularen, hvor du sikkert vil skrive alle de artikler, du nogensinde vil skrive i Joomla!. Et meget vigtigt sted! Formularen er struktureret som i *Figur 3*.

Figur 3: Entry formular til bidrag

Minimumskravet for en artikel er en titel (1), en kategori (2) og en tekst (3). Hvis du ser nærmere på formularen, vil du lægge mærke til de små hjælpetekster, som dukker op, når du bevæger musen henover beskrivelsen af et felt. Jeg har markeret områderne i formularen i *Figur 3* med seks cifre.

1. Titel

Den vigtigste del er titlen eller overskriften. Titlen vises som overskriften på hjemmesiden (som regel i den største størrelse i HTML overskrift tags *<h1>*) og i browserpanelet øverst (*du kan slå dette fra eller til*). Titlen er grundlaget for alias feltet under den. Aliaset bliver automatisk genereret af Joomla!, når du gemmer artiklen, og dets udseende kan også ændres. Formålet med aliaset er at have enkle, korte og forståelige URL'er i browser adressepanelet, som nemt kan bruges i e-mails eller chats. I eksemplet http://example.com/first-article - er first-article aliaset.

2. Kategori

Dette handler om klassifikationen eller kategoriseringen af artiklen. Ethvert element skal tilknyttes en kategori. Hvis du ikke vil kategorisere artiklen, kan du tilknytte kategorien *uncategorized*. Dette er særlig nyttigt til mere statiske indholdssider som lovmæssige notater eller Om Os siden. I dette område kan andre vigtige attributter konfigureres, inklusive Tilstand (*publiceret eller ej*), hvem har Adgang (*Adgang, Tilladelse afhænger af forskellige settings*), Sprog og Featured. Featured erstatter den tidligere attribut forside og sikrer, at elementerne er i et prædefineret blog layout til din hjemmesides forside. Artikel ID'et bliver skabt, efter du har gemt og består af et serienummer.

3. Tekst

I denne sektion kan du skrive din tekst. Teksten bør have værdi for dit publikum. Lyder let, gør det ikke!?! :-)
Den tekniske del er her en WYSIWYG editor (What You See Is What You Get) . Editoren konverterer din tekst til HTML tekst format. Joomla! bruger TinyMCE[35] editor som standardkonfiguration. TinyMCE er et uafhænigigt Open Source projekt, som har så mange funktioner, at du kunne skrive en separat bog om det (måske ikke en dårlig ide).

Det fungerer basalt set som et hvilket som helst andet tekstbehandlingsprogram: skriv tekst, highlight tekst, klik på værktøjslinje ikonet og funktionen bliver pålagt eller en dialogboks åbnes.

Knapperne under indtastningsfeltet er usædvanlige og kan være forvirrende til tider. Disse knapper er særlige for Joomla! og har kun et inddirekte forhold til editoren. Joomla! kernen kommer med fem af disse meget praktiske ekstra knapper.

Du kan tilføje flere knapper ved at tilføje Joomla! udvidelser:

1. **Artikel:** gør det muligt for dig at linke til andre eksisterende Joomla! artikler

2. **Billede**: du kan indsætte et eksisterende billede fra Media Manager eller uploade et nyt

3. **Sideskift**: indsætter sideskift i din artikel

4. **Læs mere:** gør det muligt for dig at præcisere, hvor du vil placere læs mere linket.

5. **Toggle Editor:** slukker og tænder editoren. Hvis den er slukket, vil du se din artikels HTML kode.

4. Options

Det, der blev kaldt Parametre i Joomla! 1.5 hedder nu Options som i Joomla! 1.6 som f.eks. i Publishing Options. Her kan du specifere, hvem der skrev artiklen (Skrevet af). Brugeren, som skrev artiklen, er normalt ansvarlig for at ændre i den senere. Det navn, der

---

[35] http://tinymce.moxiecode.com/

vises under titlen på hjemmesiden, er konfigureret i Skrevet af Alias. De tre felter under gør det muligt at planlægge publiceringen. Indtast de rigtige datoer og Joomla! klarer resten.

5. Flere options

I denne sektion kan du konfigurere forskellige options ved at tænde og slukke dem. Du kan ændre artiklens layout, så den passer til læserens og søgemaskinernes behov. Eksperimenter - det er den bedste måde at lære på.

6. Tilladelser

Det sjette og sidste område handler om tilladelserne til denne artikel. Denne sektion vil hjælpe os i mange steder i Joomla! 1.7, og jeg vil komme ind på det i kapitel Brugere og tilladelser.

PRØVE ARTIKEL

Lad os skabe artiklen, som er vist foroven.

En tekst med et eller flere billeder

Bare skriv din tekst. Der er mange muligheder for at tilføje billeder:

1. Billedet er allerede til rådighed online, f.eks. på Flickr[36].

I dette tilfælde klik på billede ikonet i editor værktøjslinjen og kopier billedets URL ind i dialogboksen.

2. Billedet er allerede i Joomla! Media Manager.

I dette tilfælde klik billede knappen under for at vælge billedet og indsæt det i din tekst (*Figur 4*).

---

[36] http://www.flickr.com/photos/hagengraf/5186325015/sizes/s/

Figur 4: Indsæt billedet fra media feltet

3. Billedet er på din harddisk

Dette er det mest komplekse eksempel. Du skal også bruge billede kanppen under teksten. Der vil du også finde en upload dialog gennem hvilken du kan uploade dit billede "nemt". Husk at Joomla! ikke vil ændre i størrelsen på billedet. Hvis du uploader et billede fra dit digitale camera, vil det blive vist i dets originale størrelse (bredde > 3000 pixels). **Du skal selv lave størrelsen om, før du uploader billedet.**

Hvis alt går vel - tillykke!

Hvis det ikke virker, og dette kunne være pga. mange forskellige ting, sådan som tilladelser i directories i media manager. Du får måske en fejlbesked. Hvis det stadig ikke virker, så post en kommentar her. :-)

Når du har indsat billedet fra media manager, kan du vælge og formattere det ved at klikke billede ikonet i editor værktøjslinjen.

En teaser tekst til liste views med et læs mere link til den hele artikel

Dette er nemt. Bevæg cursoren til det sted, hvor læs mere linket burde vises og klik på *læs mere* knappen under tekst feltet.

Artiklen skal vises på forsiden og skal ikke have et menulink

Vælg Ja i feltet *Featured* i område 2.

En planlagt publicering ville være at foretrække

Undgå dette i første omgang, så du ikke behøver at vente på, at artiklen bliver vist på din hjemmeside :-). Hvis du gerne vil prøve det igen senere med en anden artikel, så udfyld felterne *Start publicering* og *Afslut Publicering* med den rigtige information og vælg datoer ved at klikke på kalender ikonet.

En printer-venlig version af artiklen

Hvis du på dette tidspunkt ved, hvor de globale settings er, så kig på Hjemmeside og Indholdskonfiguration og bekræft de nuværende settings. I område 5 kan du ændre *Vis Printer* ikonet til '*vis*'.

Videresend artiklen via e-mail

Sæt options i område 5 - lav *Vis Email Ikonet* om til *vis*.

RESULT

Efter at du har gemt artiklen, kan du reloade din hjemmeside og se din artikel på forsiden som i *Figur 5*.

Figur 5: Artikel på forsiden

MEDIA MANAGER

Media Manager er Joomla!s lille Digital Asset Management System (DAM)[37]. Hvis du står for at håndtere indhold, vil du have brug for et sted at opbevare filerne. Filer er alle billeder, PDF'er og alt andet, du gerne vil bruge i dit indhold. Normalt består disse digitale cifre af en fil og ekstra meta data. I dette tilfælde har vi brug for et brugervenligt redskab til filhåndtering. Lad os se på, hvad der er muligt i Joomla! Media Manager.

Sådan virker det

Det ligner for mig en fil manager. Alle kender Windows Explorer eller OSX Finder. I Joomla! kalder de det Media Manager. Det har et basis directory, hvor alle filerne er opbevaret. Du kan se på dine filer på to forskellige måder ved at bruge din browser: via et *Thumbnail View (Figur 1)* og et *Detailed View (Figur 2)*. Du kan navigere gennem folderne ved at klikke på dem.

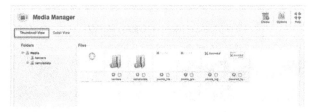

Figur 1: Media Manager - Thumbnail View

Figur 2: Media Manager - Detailed View

Du kan skabe så mange ekstra foldere, som du vil. I Detailed View kan du slette foldere og filer. Du kan finde samme struktur i Joomla! aministration backend som du kan se i din FTP klient (*Figur 3*), men du skal være forsigtig: I kerne Joomla! kan du også finde et media directory. Dette directory er **ikke** media manager.

I kerne Joomla! kan du finde Media Manager i billede directory.

---

[37] http://en.wikipedia.org/wiki/Digital_asset_management

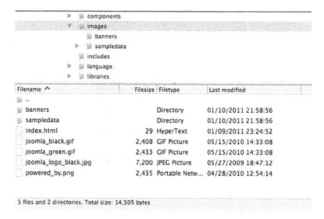

Figur 3: Media manager directory i ftp klienten

Når du ser på værktøjslinjen, vil du se Options ikonet igen - klik på det (Figur 4).

Figur 4: Media manager options

Når du gennemgår options, vil du se, at du kan begrænse filtyper via udvidelser, maximum filstørrelse, og du kan også adskille billeder fra filer. Et billede er også en fil, men jeg kan godt lide ideen med at adskille dem. Thumbnail View f.eks. giver god mening for billeder, men ikke for filer uden billeder. Den største fordel ved adskillelsen er muligheden for at begrænse uploads for brugere, som ikke er managere. Du kan tillade registrerede brugere at uploade billeder, men du behøver ikke at give dem tilladelse til at uploade andre filer. Dette kan være meget nyttigt. De næste options du ser er MIME[38] typer, som ofte kaldes *Internet Media Type*. Hvis du bruger Windows, kan du normalt kun skelne mellem forskellige filtyper ved at se på deres udvidelser. Internet Media Type er en anden måde at identificere filtyper på, også uden en filudvidelse. Du kan tillade eller forbyde så mange filtyper, som du ønsker.

---

[38] http://en.wikipedia.org/wiki/Mime_type

Flash Uploader er en af de mest sofistikerede features, som ofte bliver glemt. I Joomla! 1.5 fungerede det ikke altid godt, men i Joomla! 1.6 fungerer det virkelig godt til at uploade mere end·en fil ad gange. Flash Uploader virker simpelthen og er nem at bruge, også i 1.7 :)! Prøv den! (*Figur 5*).

Figur 5: Media manager Flash Uploader

Som du nok ser, er Joomla! Media Manager ikke raketvidenskab, men det er et pålideligt og brugervenligt redskab til billed- og filhåndtering.

Hvis du har brug for et mere sofistikeret produkt, tilbyder Joomla! andre løsninger i extension directory i kategorien Fil Management [39].

Media manager og editoren

Nu ved du, hvor dine filer er placeret, men hvordan kan du så tilknytte dem til dit indhold?

Alle steder i Joomla! hvor du ser en editor, kan du for det meste tilføje filer fra Media Manager ved at klikke på billede knappen underst. Vi har allerede talt om dette, da vi skabte en typisk artikel med et billede (*Figur 6*).

---

[39] http://extensions.joomla.org/extensions/core-enhancements/file-management

Figur 6: Media manager in indholdsområder

Media Manager andre steder

Der er andre steder, hvor Media Manager spiller en rolle, som i kategorier. Du kan også linke et billede til en kategori (*Figur 7*).

Figur 7: Media manager i katogorier

Dette billede vil blive vist i en kategoriliste, hvis du konfigurerer det i *Menu Items Options*.

Joomla! 1.7 - Begynder Guide

KONTAKTFORMULAR

Med en kontaktformular opstår spørgsmålet: "Er dette indhold?" Jeg tror det er, og derfor har jeg skrevet dette afsnit under kapitlet om at administrere indhold.

En kontaktformular gør det tydeligt, at der er gjort brug af et CMS. En manuelt lavet HTML side kan ikke sende emails, fordi dette kræver et script sprog som PHP og en konfigureret server. PHP scripts kan tilknyttes en kontaktformular i HTML sider, men så vil den del af hjemmesiden ofte se anderledes ud end resten af siden. I Joomla! er kontaktformularen allerede integreret, og du skal "bare" konfigurere den.

Hvis din Joomla! kører på en webserver hos din leverandør, vil du som regel ikke opleve problemer med at sende emails. Lokalt er det sværere, fordi du skal opsætte en mailserver først. Generelt er dette ikke et problem, men heller ikke nødvendigt. ;-)

Joomla! sender emails på forskellige måder. Du vil kunne se et overview i *Global Konfiguration → Server (Figur 1)*. Du vil naturligvis bruge den standard aktiverede PHP mail funktion *(se kapitlet om hjemmeside og indholdskonfiguration)*.

Figur 1: Mail Server Settings

Skab en kontakt

For at inkludere en kontakt på din side, skal du mindst have:

• en kontaktkategori

• en kontakt

• et link i en menu

•

Måske har du stadig en kategori fra example data *(Sample-data kontakt)*. Hvis du ikke har det, skal du oprette en. I næste trin vil du oprette en ny kontakt. For at gøre dette, skal du åbne *Komponenter → Kontakter* i dit administrationsområde og kllikke på ikonet Ny. Udfyld derefter formularen (*Figur 2*). Jeg har afmærket et par området i screenshottet for, at du lettere kan orientere dig.

Figur 2: Opret kontakt

1. For- og efternavnet på kontaktpersonen eller navnet på firmaet, hvis det ikke er en person. Kontakten kan tilknyttes en eksisterende brugerkonto. Han skal tildeles en kategori, som skal være offentlig (publiceret) og formentlig ikke vises på forsiden (*Featured = Nej*).

2. Det næste tekstområde kan bruges til ekstra information, f.eks. åbningstider eller beskrivelse.

3. *Publishing Options* drejer sig om brugeren, som kan lave ændringer i indholdet, som skabte indholdet samt tidspunktet for publicering. Det sidste bruges sjældent i 'normale' hjemmesider.

4. I *Kontakt Detaljer* er der mange tilgængelige felter, som du kan udfylde eller lade være tomme.

5. I *Display Options* kan du beslutte hvilke felter, der skal vises. Området er vigtigt, fordi det er her, du specifierer om en kontaktformular skal vises eller ej (*Vis Kontaktformular*). Du kan også specifere om afsenderen skal modtage en email-kopi, og du vil kunne konfigurere spam protection settings (*Banned E-Mail, Banned Emne*, etc). Mod "rigtige" spammere er denne beskyttelse dog ikke så god.

6. I feltet Kontakt Redirect kan du indtaste en anden email adresse, som indholdet af formularen skal sendes til.

7. Metadata Options er, ligesom i *Publishing Options*, til rådighed på en enkelt side (*se kapitlet om søgemaskineoptimering*).

Skab et menuelement

Du har nu en kontakt, men stadig ingen formular på din hjemmeside. Dette er præcist, hvad vi skal skabe i dette næste trin. Fordi du kan oprette underkategori på underkategori til dine kontakter, kan du enten have en enkelt kontaktformular eller mange af dem. Det er helt klart muligt at skabe en kontaktformular til hver enkelt ansat i et stort firma som f.eks. Volkswagen (ca. 370.000 ansatte). Hvordan viser et så dynamisk CMS dette på en hjemmeside?

Joomla! har sin egen Menu Manager til at klare dette med forskellige layouts. I Menu Manager kan du bestemme, om du vil have en kontaktliste eller kategorier eller bare en enkelt kontaktformular. Ved første blik kan dette være forvirrende, men det er gennemtænkt og nyttigt.

Lad os linke en enkelt formular i menuen til den kontakt, vi lige har skabt. Åben Menu - Top og klik på Ny ikonet. Du har brug for tre ting for at lave et menulink:

1. *Menu Element Type (linktype)* for at vise siden og afhængigt af dit valg - en kontakt eller en kategori

2. en tekst vist som et link

3. menuen, hvori linket skal være

Til nr. 1 klik på Vælg knappen ved siden af feltet *Menu Element Type*. Et vindue vil åbne sig, og du vil se nogle forskellige typer, som du skal vælge mellem. Klik på *Enkel Kontakt (Figur 3)*.

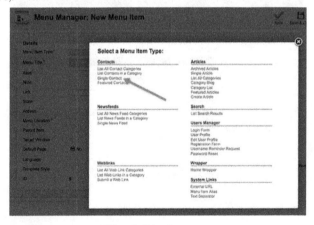

Figur 3: Valg af menutyper

Vinduet vil lukke igen. Fordi du kun vil have en enkelt kontakt, vil du nu skulle vælge kontakten i *Required Settings (Figur 4)*.

Figur 4: Vælg kontakt

Til sidst skal du indsætte linkteksten (*Menu Titel*) og gem alting. Menuen er allerede registreret korrekt, når du åbner formularen. På din hjemmeside vil du nu se et ekstra link i topmenuen, som linker til den tilsvarende kontakt (*Figur 5*). Du kan komme til kontaktformularen ved at klikke på plus tegnet i det højre felt. Nu kan du sende beskeder via din hjemmeside.

Figur 5: Kontakt på hjemmesiden

Figur 6: Kontaktformular

Reklamer i Joomla! 1.7 - Begynder Guide

http://cocoate.com/da/j17da/ad

Kapitel 7

Strukturer dit indhold med kategorier

Joomla! artikler kan kategoriseres. Generelt set er kategorisering en proces, der består af at genkende, differentiere og forstå noget via abstraktion. Dette kan måske lyde kompliceret, men det er meget brugbart, når du skal administrere flere artikler.

Joomla! giver dig mulighed for at skabe så mange kategorier, som du ønsker. Det er muligt at bygge et kategoritræ, og en artikel kan derefter tilknyttes en af disse kategorier.

Aviser kan f.eks. bruge kategorier for bedre at kunne differentiere mellem deres mange artikler. Her er et eksempel fra en Joomla! template[40] (*Figur 1*).

Figur 1: Gavick Template December 2009

De bruger kategorien *World News* og under denne kategori er der to underkategorier som *Politics, World, War, Disasters* og more. Af og til er to niveauer nok som i dette eksempel; somme tider får du brug for flere. I Joomla! 1.5 var det ikke muligt at have mere end to niveauer. I Joomla! 1.7 kan du have så mange niveauer, du vil have. Joomla! har ikke længere sektioner - kun kategorier.

I *Category Manager* (*Administration → Content → Category Manager*), kan du administrere dit kategoritræ og filtrere op til ti niveaue (*Figur 2*).

---

[40] http://demo.gavick.com/joomla15/dec2009/

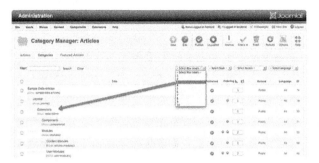

Figur 2: Category Manager

Ligesom en artikel består en kategori også af en titel, en beskrivelse og mange andre attributter og options. Den kan have et ekstra billede, som kan bruges i mange forskellige layouts. Billedet kan vælges i standard settings. En kategori kan også indeholde billeder i beskrivelsen (*Figur 3*).

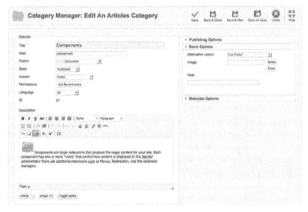

Figur 3: Category Edit Form

Når du logger ind på din Joomla! hjemmeside, kan du se kategorierne i example data. Navigationen bruger links til at vise alle artikler og underkategorier (*Figur 4*). Selv brødkrumme navigationen afspejler denne struktur.

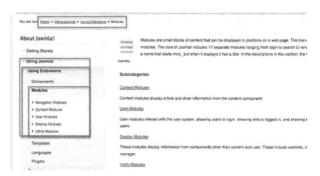

Figur 4: Kategorier som menu links på hjemmesiden

I *Menu Manager (Administration → Menu → Om Joomla!)*, kan du se disse menu elementer, som linker til artiklerne i en kategori (*Figur 5*).

Figur 5: Kategorier som menu links på hjemmesiden

Du kan vælge mellem forskellige layouts til artiklerne. I *Figur 5* kan du se hvilket layout, der kan bruges til hvilket link. Du kan vælge layoutet i redigeringsformularen som et menu element (*Figur 6*).

Mulige layouts:

• en liste over alle kategorier

• et blog layout (som på forsiden)

• en kategoriliste

Afhængigt af layoutet har du mange muligheder for at konfigurere artiklerne og underkategoriernes udseende og opførsel.

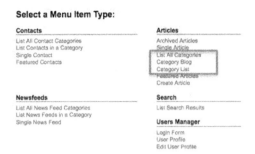

Figur 6: Kategori layouts

En liste over alle kategorier

Dette layout lister alle underkategorierne fra en udvalgt kategori *(Figur 7)*.

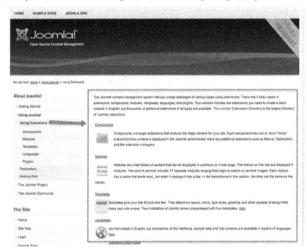

Figur 7: Layout alle kategorier

I dette tilfælde vises kategoribeskrivelsen fra kategorien Extensions. Et niveau af underniveauer med beskrivelser vises også på siden; det gælder også tomme kategorier. Artiklerne i de øverste kategoriniveauer er skjulte. Eksempel: *Administration* → *Menus* → *About Joomla!* → *Using Extensions* → *Edit*.

Et blog layout (som på forsiden)

Blog layoutet lister alle artiklerne fra en udvalgt kategori *(Figur 8)*.

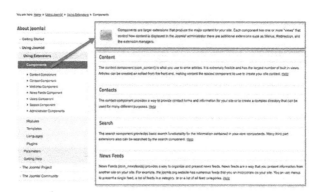

Figur 8: Layout Blog

I dette tilfælde vises kategoribeskrivelsen fra kategorien Komponenter. Alle artikler, som er tilknyttet *Komponenter*, vises med deres teaser tekst i en klumme. Du kan sagtens få flere klummer. De første syv artikler i det øverste kategoriniveau er skjulte. Eksempel: *Administration → Menus → Components → Edit (Figur 9)*.

Figur 9: Layout Blog settings

En kategoriliste

Kategorilisten lister alle atikler fra en udvalgt kategori i en tabel *(Figur 10)*.

Figur 10: Layout Category List

I dette tilfælde vises kategoribeskrivelsen fra kategorien Joomla!. Alle artikler relateret til *Joomla!* bliver vist i en konfigurationstabel. Du kan vælge at skjule nogle dele af tabellen, og du kan sortere efter forskellige variabler. Eksempel: *Administration* → *Menus* → *Components* → *Article Category list* → *Edit.*

Konklusion

Kategorisystemet er stærkt og nemt at bruge. Du kan let strukturere hele din hjemmeside via det brugervenlige kategoritræ. En enkelt artikel kan tilknyttes en kategori. .

Kapitel 8

Statuser, affald og check-in

I Joomla! kan dit indhold have flere statuser. Afhængigt af indholdstypen, kan der være mindst tre statuser: **publiceret**, **upubliceret** og **affald**. Hvad betyder det? Efter du har gemt nyt indhold for første gang, eksisterer det i Joomla!s database og afhængigt af dets status, vil det blive vist (eller ikke blive vist) på forskellige områder på din hjemmeside.

Den normale livsscyklus for indhold i Joomla! er:

1. upubliceret indtil du er færdig med at redigere i det

2. publiceret eller planlagt (og måske featured på forsiden)

3. stadig publiceret men måske fjernet fra forsiden

4. arkiveret

Nogle gange er det nødvendigt at upublicere indhold, og nogle gange smider du det ud. Indholdet vil i sig selv fortsætte med at eksistere. Det er ikke blevet slettet. Du kan filtrere det meste af tabellerne i administrationsinterfacet via de ønskede statuser og tildele forskellige statuser til dit indhold, så ofte du vil.

Upubliceret

Ingen besøgende på din hjemmeside kan se indholdet. Det er den fase, hvori du redigerer og reviewer dit indhold.

Publiceret

Det afhænger af brugerens og de besøgendes tilladelser, om de kan se indholdet, men generelt er indholdet på din hjemmeside synligt, fordi det er publiceret!

Featured

Featured 'featuren' er som en kontakt, du kan bruge til dit vigtigste og seneste indhold og er normalt vist på forsiden. Det er en ekstra status, fordi den kun er relevant for artikler. Det er derfor, det er muligt for en artikel at være *upubliceret* og *featured*.

Arkiveret

Der vil komme et tidspunkt, hvor du vil begynde at tænke på et arkiv til dine artikler. Sæt statusen til arkiveret, og du har næsten skabt et arkiv. Joomla! kender skabelsesdatoen på dine artikler og tilbyder et arkivmodul, som du kan vise på din side. Arkivmodulet er inkluderet i example data. Hvis det ikke er til rådighed, så skab det i *Moduler* → *Ny* →*Arkiverede Artikler*. Dine artikler vil blive vist som i *Figur 1*. Læs mere i kapitlet om moduler.

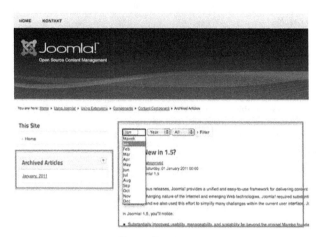

Figur 1: Joomla! Arkiv

Affald

Den næstsidste statur er affald. Hvis et indholdselement ender her, eksisterer det stadig og kan blive hentet. Du kan placere moduler, menuelementer, kategorier, artikler, kontakter og meget mere i dit affald. Du kan se indholdet af dit affald ved ar filtrere det (*Figur 2*). I det filtrerede view ændrer affaldsikonet sig til *Tøm Affald*. Det er din mulighed for at slette indhold.

Figur 2: Affald

Check-in

Check In ikonet i Joomla! er måske ikke det samme som det, du kender fra Foursquare[41] eller en anden lokationsbestemt service. Det er en sikkerhedsfeature til at redigere i dit indhold. Joomla! låser indholdet for alle andre brugere. Fordelen ved dette er,

---

[41] http://en.wikipedia.org/wiki/Foursquare_(social_network)

at ændriger foretaget af en anden bruger ikke kan overskrives. Det er en meget nyttig feature. Et stort problem er dog, at når brugeren ved et uheld redigerer i indholdet, lukkes browser vinduet og alt andet også - kraftværket lukker ned ... du forstår pointen :-). Så er indholdet låst, og ingen anden kan redigere i det!

Ingen anden (bortset fra en bruger med tilladelse hertil, f.eks. dig som administrator) kan checke indholdet ind igen, så andre også kan redigere i det. Uheldigvis, kan du kun se det låste indhold via en lille lås ved siden af indholdets titel (*Figur 2*) eller ved at en af dine brugere råber om hjælp :-).

Figur 3: Check In

Kapitel 9

Hjemmeside og indholdskonfiguration

Joomla! har forskellige niveauer af konfigurationsmuligeder. Disse muligheder gives fra det højeste til det laveste niveau.

• Global konfiguration

• Muligheder for artikler, komponenter, moduler, plug-ins, sprog og templates.

GLOBAL CONFIGURATION

I Global Configuration sektionen kan du definere alle settings, som er gyldige for hele hjemmesiden. De fleste af variablerne bliver gemt i configuration.php filen. Vigtig information som brugernavn, databasenavn og password til databaseserveren f.eks., og mindre parametre som den forudbestemte længde på fremviste lister bliver gemt i denne fil. Dette arbejde inddeles i fire faneblade:

• Site Settings

• System Settings

• Server Settings

• Permissions

Arbejdsområdet på hvert faneblad består af mange forskellige felter, tjekbokse og tekstområder.

Bevæg din mus hen over mærkerne for at læse hjælpeteksten, der vises i et lille gult tooltip (*Figur 1*).

Figur 1: Tooltips

De fleste options er selvforklarende. Jeg vil her nævne et par settings, som er blevet fornyet siden Joomla! 1.7 med flere og bedre detaljer.

Site Settings

Site settings har fået et nyt felt til standard adgangsniveauet for nye brugere. Konfigurerbare adgangsniveauer er en ny feature (*se kapitlet Brugere og tilladelser*).

Metadata settings indeholder en mulighed for at tilføje *Content Right* data. Joomla! vil tilføje dine data til meta deklarationen rights i din HTML kode. Afhængigt af din søgemaskineoptimerings-religion (SEO), kan det enten være godt eller skidt at bruge denne deklaration i din meta profil. Nu kan Joomla! klare begge dele :-)

```
<meta name="rights" content="© 2011 cocoate.com EURL, France" />
```

Figur 2: Site settings

I SEO settings, findes disse nye muligheder

- *Unicode Aliases*
Du indsætter aliaser til artikeltitler. Med denne feature kan det lade sig gøre at lave sådanne URL'er http://example.com/所有一起.

- *Inkluder sidenavnet i Page Titles*
Med denne feature vil artiklens titel blive vist i browserens titelblok til dokumenter.

Cookie settings er en vidunderlig feature til at evaluere en cookie på forskellige underdomæner. Du vil få brug for denne feature, hvis du har en side (example.com) og en eller flere underdomæner (blog.example.com), og du gerne vil tilbyde dine brugere at kunne logge ind på example.com og skrive på blog.example.com. Uden denne feature ville brugeren skulle logge ind igen for at skrive noget på blog.example.com.

System Settings

User og media settings findes ikke længere i dette område. Du kan nu finde dem i *User* og *Media Manager*.

Cache settings er anderledes, fordi det underliggende cache system er blevet omskrevet og nu har flere muligheder. Generelt vil en cache gøre dine sider hurtigere ved at opbevare dele af HTML'en i filer. Webserveren kan nemlig levere disse filer meget hurtigt. Det er muligt at cache sider, komponent views og moduler. Du kan slette cachen i *Site → Maintenance*.

Server Settings

Alle server settings er de samme som i Joomla! 1.5. Ikke desto mindre, vil jeg nævne muligheden *Force SSL*. Denne mulighed for stadig mere opmærksomhed. Du kan tilbyde dine brugere en fuldstændig sikker traffik. Det er nødvendigt at få konfigureret SSL i din webserver, og du får også brug for et SSL certifikat.

Figur 3: Server settings - SSL

Permissions

Dette er stedet, hvor du sætter de globale tilladelser for dine brugergrupper. Heldigvis er det ikke altd nødvendigt at ændre standard settings. Hvis du ændrer settings for en gruppe, vil den gælde for denne og alle andre undergrupper, komponenter og alt indhold. Helt basalt arbejder du med tilladelserne *Site Login*, *Admin Login*, *Super Admin*, *Access Component*, *Create*, *Delete*, *Edit*, *Edit State* og *Edit Own*. Enhver gruppe har sit eget sæt af tilladelser (*Figur 4*).

Figur 4: Global group permissions

Muligheder for indhold, komponenter, moduler, plug-ins, sprog og templates

I enhver manager vil du finde et *Options* ikon, hvorfra du kan få en konfigurationsform frem. I nogle tilfælde vil options vinduet have et ekstra permissions fanebland, som f.eks. *Category* og *Article Manager*. I permissions fanebladet kan du bruge dine globale tilladelser for hele hjemmesiden, eller du kan ændre dem afhængigt af dine behov for alle kategorier og artikler.

I begge tilfælde vil du også finde et Text Filter fanebland (*Figur 5*). Text Filter er et koncept, som lader dig søge i teksterne efter f.eks. HTML tags og filtrere i dem. Det er muligt at sætte forskellige filtre til forskellige grupper. Lad os sige, at en registreret bruger vil få lov til at skrive tekst med HTML tags i, men uden en iframe. Kun din udvalgte gruppe af 'iframere' har ret til at poste iframes!

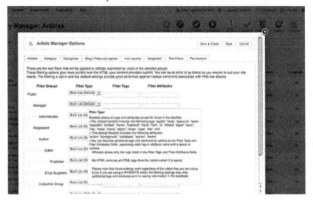

Figur 5: Article options - Text Filter

Reklamer i Joomla! 1.7 - Begynder Guide
http://cocoate.com/da/j17da/ad

Kapitel 10

Templates

Templaten er en af de vigtigste dele i en hjemmeside. Den leverer designet. Den motiverer således nye besøgende til at blive på din side og udforske den. Faste besøgende og brugere sætter pris på en side med et smukt og brugbart design. Tænk på andre produkter: En bil har brug for en god motor og gode dæk, men designet er ofte den vigtigste faktor i købsbeslutningen. Selv om designet ikke skulle være den vigtigste købsgrund, er det ofte den udløsende faktor, der får køberen til at overveje det og kan være baggrunden for, at han eller hun begynder at undersøge mere håndgribelige købsårsage. Hvis designet er godt lavet, forventes det, at resten også er godt lavet (*Figur 1, Figur 2*)!

Figur 1: Bil med klistermærker (Richardmasoner CC BY-SA 2.0[42])

Figur 2: Rød bil (FotoSleuth CC BY-SA 2.0[43])

Disse biler er lavet til forskellige målgrupper. De er eksempler på forskellige tilgange til design.

---

[42] http://www.flickr.com/photos/bike/201402884

[43] http://www.flickr.com/photos/51811543@N08/4978639642

Webdesign er et håndværk. Det er essentielt, at man har evner inden for HTML, CSS, JavaScript, PHP, billedredigering og lignende. Joomla! er kun et ud af mange redsskaber i din værktøjskasse.

Et godt template handler ikke kun om farver og grafik. Formen og placeringen af indholdet er lige så vigtigt. Hjemmesiden skal være brugervenlig og pålidelig. Dette minder mig igen om de to biler.

Webdesign er stadig et ungt fag. En webdesigner skal ofte kæmpe med lav båndbredde, inkompatible browsere, uerfarne indholdsredaktører og andre folk, som er involveret i processen med at skabe en "god" hjemmeside. Skabelsen af en Joomla! hjemmeside er ofte en proces, som alle involverede lærer meget af. Godt webdesign er hårdt arbejde. :-)

JOOMLA! AND TEMPLATES

Joomla! er kendt for sin kvalitet og enkelhed. I Joomla! er en enkelt side genereret af HTML outputtet fra en *komponent*, adskillelige *moduler* og så templaten. Hver side er tilgængelig via en unik URL. Tag f.eks. forsiden. Indholdskomponenten producerer HTML outputtet for artiklerne i midten (*Figur 3*). Blokkene ved siden af artiklerne er forskellige *moduler*. Du kan kombinere HTML outputtet fra **en** *komponent* med HTML outputtet fra et **uendeligt antal** *moduler*. Eksisterende *moduler* kan også genbruges på andre sider.

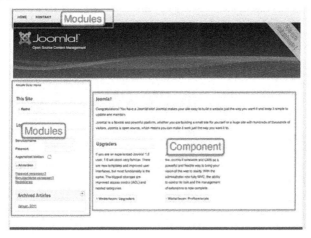

Figur 3: Joomla! forside

POSITIONER

Du ved naturligvis, hvornår du kan tilknytte moduler. Til dette formål stiller enhver template såkaldte positioner til rådighed. For at se disse positioner skal du aktivere *Preview Module Positions* (*Extension - Template Manager - Options*). Herefter kan du få adgang til din hjemmeside ved at bruge parameteren *tp=1* (http://localhost/index.php?tp=1). Du vil kunne se de fremhævede modulpositioner og deres navne (Figur 4). I *Extensions - Module*

Manager kan du tilknytte en af disse positioner til et modul. Hvis du har brug for modulet på forskellige positioner, kan du også kopiere det.

Figur 4: Modulpositioner

KERNE TEMPLATES

Joomla! kernen har tre side templates og to administrator templates. Du kan se et preview i *Extensions → Template Manager → Tab Templates (Figur 5)*.

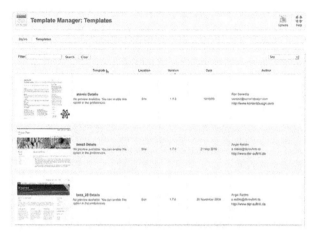

Figur 5: Site templates

Atomic templaten er et eksempel på, hvordan en basis template ser ud. I kapitlet *Lav en ny template med Atomic* vil vi bruge denne template som et grundlag for at skabe vores egen template. *Beez5* templaten er en HTML 5 version af *Beez2*. En anden template er til rådighed for administrationsområdet *(Figur 6)*

Figur 6: Admin templates

STYLES

Styles er en ny feature, som har været med siden Joomla! 1.6. De tilbyder muligheden for at skabe og bruge forskellige versioner af en template. En template har mindst en style. Der kan konfigureres i stylen, alt afhængigt af templaten - eksempelvis kan der laves farveskift eller uploading af overskriftslogoet. Du kan sætte standard stylen for din side i *Extensions* → *Template Manager* → *Styles*. Du kan filtrere mellem Site og *Administrator Styles* ved at vælge lokationsfilteret. Standard templaten Beez2 kommer med to prædefinerede styles: *default* og *Parks Site*.

Du kan oprette ekstra styles ved at kopiere dem. Hver style kan tilknyttes et *menu element*. Hvis du gerne vil have en grøn baggrund på din side, når folk klikker på *menu element A* f.eks., og en blå baggrund, når de klikker på *menu element B*, kan du tilknytte tilsvarende styles (*Figur 7*).

Figur 7: Tilknyt en style til et menu element

Du kan finde mere om templates i kapitlet At arbejde med templates.

Kapitel 11

Navigation

Ethvert site har brug for en brugervenlig navigation, ellers vil det ikke være muligt for brugeren at finde det, han leder efter. Dette lyder måske enkelt, men det er ikke enkelt at lave. I en perfekt verden burde det være muligt at få adgang til enhver side på et website med to eller tre klik. Vær opmærksom på, at dine besøgende nok kommer fra en søgemaskine eller en social netværksside og nok vil lande alle andre steder end på forsiden af din hjemmeside. Det er derfor, du bør have en "Forside" knap på alle sider.

En hjemmeside har ofte en primær og en sekundær navigation. Den primære navigation er som regel placeret i toppen eller i højre eller venstre side. Den sekundære navigation er i bunden eller i toppen og er for det meste mindre end den primære. Den indeholder links som f.eks. kontakt, om os o. lign. Ideen er, at du skal have disse links på siden, men ikke på en vigtig position.

En generel regel: Brug ikke mere end fire til otte links i et navigationsniveau.

BRØDKRUMMER

Et 'brødkrumme spor' er en hjælp til navigation. Termen kommer fra Hans og Grethes brødkrummespor i eventyret af Brødrene Grimm. Som regel er brødkrummer placeret horisontalt i toppen af en hjemmeside. To strukturer bliver brugt:

- links der viser tilbage til den foregående side, brugeren var på, før han eller hun klikkede sig videre til den aktuelle side
- viser modersiden til den aktuelle side

Brødkrummer er en måde, hvorpå du kan forhindre dine besøgende i at fare vild på din hjemmeside. Ideelt set skal besøgende altid vide, hvor de er på din side, og hvordan de kan komme tilbage igen. Joomla! leverer et brødkrumme modul til denne opgave, og de fleste templates har en brødkrumme position reserveret til det (*Figur 1*).

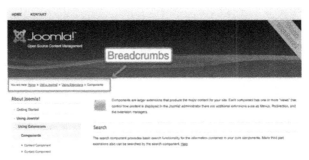

Figur 1: Brødkrummer

JOOMLA! MENUER

Joomla navigationer skabes af såkaldte menuer. Du kan skabe så mange menuer, som du har brug for til dit website. Hver menu kan indeholde et ubegrænset antal indlejrede menu elementer, og du kan endda filtrere niveauet. Et menu element bliver tilknyttet en komponent eller en ekstern URL. Moduler og template styles kan tilknyttes menu elementer. I example data bliver der kun vist et par menuer, som allerede er blevet skabt.

Lad os se på de to eksempler på primær navigation med statiske sider og dynamiske kategorier.

FØRSTE EKSEMPEL: ET STATISK KATALOG ELLER BOG STRUKTUR

Somme tider har du brug for en navigation til en bog, et katalog eller en guide. Du kan finde denne konfiguration i example data i About Joomla! menuen. Lad os sige, at vi er ved at skrive en kort bog, der består af tre kapitler. Navigationen skal være koblet til alle sider og ligne *Figur 2*.

Figur 2: Statisk bog struktur

Forberedelse

Skab en bog struktur med et par kapitler.

• Joomla bogen

  • Introduktion

  • Indhold

    • Sådan bruger du A

    • Sådan bruger du B

  • Templates

Før du laver menu elementer, skal du lave individuelle artikler (sider). Gå til *Content* → *Article Manager* → *Add new article* (*Figur 3*). Du kan tilknytte uncategorized kategorien til disse artikler, eller du kan lave en bog kategori på forhånd og tilknytte den til kapitlerne.

Figur 3: Seks 'bog kapitler'

TRIN 1: SKAB MENUEN

Du kan bruge en allerede eksisterende menu som dine primære links eller du kan lave en ny ved at gå ind i *Menus → Menu Manager → og udfylde formularen (Figur 4)*.

Figur 4: Tilføj en ny menu

Trin 2: Skab menu elementerne

Gå til *Menus → Primary links* og tilføj de seks artikler som links. Vælg Single Article som Menu Item Type. Vælg artiklen og indtast en Menu Title *(Figure 5)*. Hvis du har glemt, hvordan man gør, så tag et kig på kapitlet: Sådan laver du en 'Om os' side.

Figur 5: Primære menu elementer

Trin 3: Skab og tilknyt modulet

Dette trin er ikke helt let. Du har nu artiklerne, menuen og menu elementerne, men du har også brug for et modul, som du skal placere på din side. Lad os gå i gang med at lave et. Gå til *Extensions* → *Modules* → *New Module* og udfyld formularen. I feltet Select Menu i Basic Settings skal du vælge *Primary links*. Vælg *Yes* i feltet *Show Sub menu items (Figur 6)*.

Figur 6: Primært link modul

Det sidste trin er template positionen. Klik på *Select position* knappen, filtrer for templaten *Beez_20* og vælg *position-4*. Gem det hele, og du er færdig.

Figur 7: Vælg template position

ANDET EKSEMPEL: AT LINKE TIL KATEGORIER (NYHEDSMAGASINER)

Det er muligt at linke til et par sider som i det første eksempel, men hvad gør du så, hvis du har tusindvis af artikler? Svaret er nemt i Joomla! 1.7: Byg en struktur med kategorier, tilknyt artiklerne og link den til et kategorilayout.

Forberedelser

Vi har brug for et par kategorier med artikler:

Kategorier:

• Nyheder

  • Verden

- Afrika
- Europa
- Teknologi
  - Internet
  - Biler

Lav dem eller brug eksisterende kategorier (Læs mere: Strukturer dit indhold med kategorier).

Trin 1: Menuen

Det er op til dig, hvordan du vil fortsætte. Det nemmeste er at bruge den allerede eksisterende *Primary Links* menu. Men hvis du vil, kan du lave en *Nyheder* menu, som jeg har gjort.

Trin 2: Menu elementerne

Når du arbejder med kategorier, skal du tænke over, hvad der skal vises, når du har klikket på linket. Vi forventer følgende opførsel i vores case:

- Kategori Nyheder = alle nyheder skal vises
- Kategori Nyheder → Verden = vi vil kun se verdensnyheder

osv. (*Figur 8*).

Figur 8: Menu elementer i Nyheder menuen

Skab et menu element af typen *Category Blog* for at opnå den forventede opførsel. I *Required settings* vælger du så din nyskabte kategori Nyheder. I *Blog Layout Options* vælger du *Include Sub Categories - All* og *# Leading Articles = 0*. Fortsæt med at lave indlejrede menu elementer til hver ekstra kategori, og du er færdig (Figur 9). (*Figur 9*).

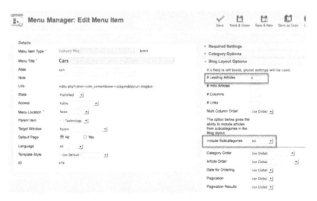

Figur 9: Kategory options

Nu kan du håndtere tusinder af artikler. Din navigation er forberedt på det, og dine besøgende vil forstå systemet med det samme (*Figur 10*).

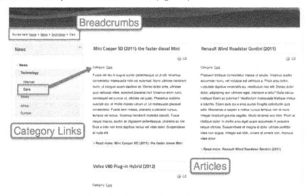

Figur 10: Artikler i kategoristrukturen

JUSTERING

Som du har set, er der næsten uendelige muligheder i setting options. Der er næsten altid en måde, hvorpå du kan nå dine mål. Mht. navigationsdesignet er det muligt at filtrere menu element niveauet i modulet. Det er f.eks. muligt at

- sætte niveauet på vores Nyheder menu på top positionen og det andet og tredje niveau i den venstre eller højre sidebar

- sætte hele menuen i top og bruge drop down menuer (afhængigt af templatens formåen)

Hvis du leger lidt med det, kan du finde en løsning på næsten alt. Joomla! navigationssystemet er måske lidt komplekst, men det er også meget kraftfuldt.

Reklamer i Joomla! 1.7 - Begynder Guide
http://cocoate.com/da/j17da/ad

Kapitel 12

Brugere og tilladelser

Folk prøver simpelthen at bruge den Joomla! hjemmeside, du har skabt til dem - aktivt eller passivt. Jo bedre oplevelse brugeren har, jo mere positivt vil hjemmesiden blive opfattet. Som ethvert andet CMS differentierer Joomla! mellem gæster og registrerede brugere med forskellige tilladelser. Gæster ankommer normalt via søgemaskiner eller sociale medier og kan blive brugere ved at registrere sig. Registrerede brugere ved for det meste, hvad de leder efter, og de har bestemte forventninger, når de besøger din side.

Jo flere brugere din side har, jo mere komplekse bliver brugere og tilladelser. I versionerne før Joomla! 1.6 fandtes der et statisk system af brugergrupper - tilladelser og adgangsniveauer kunne ikke ændres. I Joomla! 1.7 er det gamle system stadig i live som standard konfigurationen til en meget stærk såkaldt access control list (ACL)[44].

Enhver sides adgang evalueres af en *Permission Group*, selv hvis det drejer sig om gæsteadgang. En gruppe kan have et uendeligt antal brugere/gæster. Tilladelser kan arves eller overskrives mange steder.

Lad os starte med at se på registreringsprocessen.

REGISTRERING OG LOGIN

Den første registreringsproces i din hjemmesides livscyklus blev færdiggjort i installationen af Joomla!. I det sidste trin blev du bedt om et brugernavn, en email-adresse og et password. Personen, der installerede Joomla! er nu super duper administrator og har tilladelse til at gøre alt på hjemmesiden. Det er derfor alle Joomla! hjemmesider har mindst en brugerkonto. Det er op til brugeren at ændre sidens opførsel i *Users - User Manager - Options (Figur 1)*.

Figur 1: User options

Du kan oprette så mange brugere som du vil på din Joomla! hjemmeside. Du kan også tillade gæster at registrere sig selv. Afhængigt af deres tilladelser kan brugerne skabe deres eget indhold og/eller se indhold, som er lavet specielt til dem.

---

[44] http://en.wikipedia.org/wiki/Access_control_list

User options

Formularen user options har tre faneblade:

- **Component**

Her kan du konfigurere om du overhovedet vil have en bruger registreringsformular. En af de nye features siden Joomla! 1.6 er muligheden for at forudbestemme de grupper, som gæster skal tildeles, samt hvilke grupper registrerede brugere tildeles som standard.

- **Mass mail**

Her kan du sende en massemail til dine brugere. I dette faneblad kan du konfigurere de statiske email settings.

- **Permissions**

Her kan du administrere permission settings for hver brugergruppe.

Log in

Gæster kan registrere sig på hjemmesiden. Joomla! tilbyder derfor et login modul, som du kan placere på siden (*Figur 2*).

Figur 2: Login module

Dette modul kan konfigureres med mange ekstra features som f.eks. kundetilpasset tekst, SSL kryptering og login / logout omdirigering. Se nærmere på *Extensions - Module Manager (Figur 3)*.

Figur 3: Login module options

Fordelen ved formularen, som du kan få adgang til via login modulet, er, at det ikke er nødvendigt for brugeren at klikke på et link, før login formularen vises. Hvis dette ikke er nødvendigt, eller du ikke ønsker at bruge login formularen som et modul, kan du også lave formularen via en komponent. For at gøre dette skal du bare lave menu elementerne med de menu element typer, du ønsker (*Figur 4*).

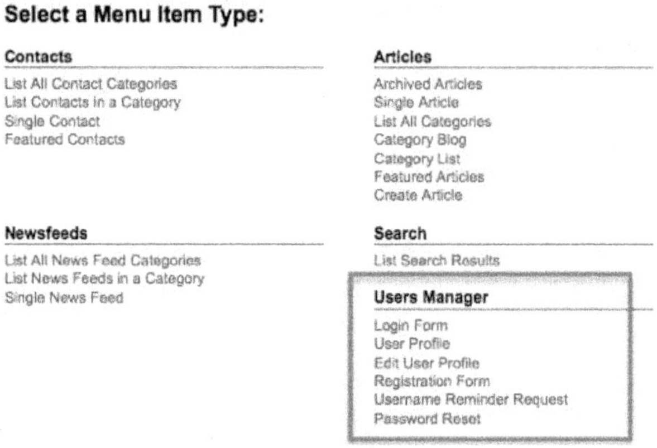

Select a Menu Item Type:

Contacts

List All Contact Categories
List Contacts in a Category
Single Contact
Featured Contacts

Articles

Archived Articles
Single Article
List All Categories
Category Blog
Category List
Featured Articles
Create Article

Newsfeeds

List All News Feed Categories
List News Feeds in a Category
Single News Feed

Search

List Search Results

Users Manager

Login Form
User Profile
Edit User Profile
Registration Form
Username Reminder Request
Password Reset

Figur 4: Menu item types for users

Ekstra profilfelter

Før i tiden kunne man kun få ekstra felter i registreringsformularen, hvis der blev brugt eksra udvidelser. For at løse dette anliggende og forbinde bruger data til kontaktkomponenten er kernen i Joomla! 1.7 udstyret med et plug-in, der hedder *User Profiles*. I *Extensions - Plug-in Manager* kan du aktivere og konfigurere denne plug-in (*se også Kontakt komponent*). Dette modul sørger også for adskillige ekstra felter, også en Terms of service option, som brugere skal klikke på i registreringsprocessen for at acceptere servicereglerne (*Figur 5*).

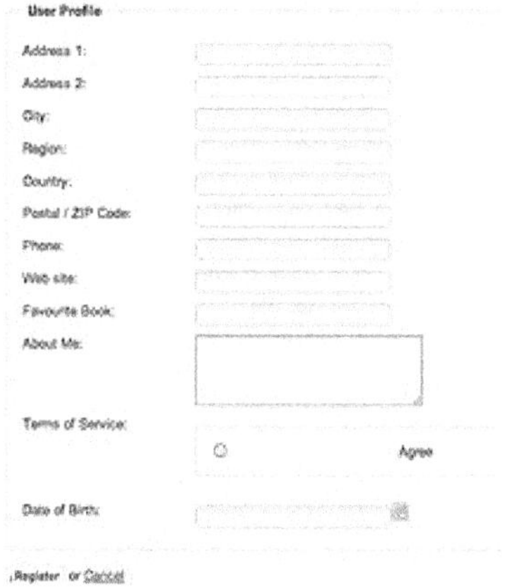

Figur 5: Ekstra profilfelter

Tip: For bedre medlemsstyringsfunktionalitet inkl. udvidet registreringsformular, ekstra profil- og registeringsfelter, effektiv arbejdsgang vedr. godkendelse af nye medlemmer, profilfaneblade osv. kan en udvidelse som f.eks. Community Builder anbefales.

BRUGERGRUPPER

Ideen med ACL brugergruppen er at skabe sæt af tilladelser i Joomla Access Control Level. Dette skal ikke blandes sammen med andre features, som man kan få adgang til via udvidelser (som f.eks. GroupJive), og som lader brugere organisere sig i grupper efter særlige interesser.

"Hvis du vil være skribent på vores side, skal du have følgende tilladelser."

I stedet for at tildele disse tilladelser til hver enkelt bruger, tildeles de til en gruppe. Den individuelle bruger tildeles derefter en eller flere grupper. Forestil dig, at du har 10.000 brugere i fire forskellige grupper. Det er nemt for administratoren at ændre tilladelsen for hver af grupperne. Uden grupper ville du skulle ændre hver eneste brugerkonto manuelt. Når du bruger grupper, skal du altså kun ændre tilladelser en gang!

I Joomla! 1.7 kan du lave så mange brugergrupper, som du vil have. I *User Manager - Groups* kan du finde en oversigt over alle grupper i kerne-Joomla! (*Figur 6*).

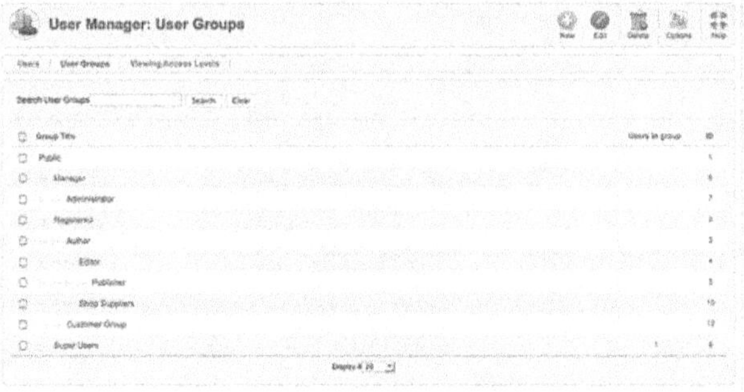

Figur 6: Brugergruppe

Standard setup er det samme, som det var i Joomla! 1.5. Hvis du er tilfreds med strukturen, vil det ikke være nødvendigt at ændre på noget.

Standard tilladelser for hjemmeside frontend brugergrupper:

- **Registreret gruppe**
  En registreret bruger kan logge ind, redigere sine egne oplysninger og se dele af hjemmesiden, som ikke-registrerede brugere ikke kan se.
- **Skribent gruppe**
  Skribenten kan gøre alt, hvad en registreret bruger kan. En skribent kan også skrive artikler og ændre sit eget indhold. Der er for det meste et link i user menuen til dette.
- **Redaktør gruppen**
  Redaktøren kan gøre alt det, en skribent kan. En redaktør kan også skrive og redigere i alle artikler, som vises i frontend.
- **Forlægger gruppen**
  Forlæggeren kan gøre alt det, en redaktør kan. Forlæggeren kan også skrive artikler og redigere i al den information, der vises i frontend. Derudover kan en forlægger også beslutte, om artiklerne skal publiceres eller ej.

Standard tilladelser for hjemmeside backend brugergrupper:

- **Manager gruppe**
  En manager kan skabe indhold og se forskellige informationer om systemet. Det er ikke tilladt for ham at:
  - Administrere brugere
  - Installere moduler og komponenter
  - Opgradere en bruger til super administrator eller ændre en super administrator
  - Arbejde på menu elementet Site | Global Configuration
  - Sende en masse-email til alle brugere
  - Ændre og/eller installere templates og sprogfiler

- **Administrator**
  En administrator må ikke:
  - Opgradere en bruger til super aministrator eller ændre en super administrator.
  - Arbejde på menu elementet Site | Global Configuration
  - Sende en masse-email til alle brugere
  - Ændre og/eller installere templates og sprogfiler
- **Super Administrator eller Super user**
  Denne bruger må benytte sig af alle funktioner i Joomla! administrationen. Kun en super administrator kan tilføje andre super administratorer.

ADGANGSNIVEAUER

Brugergrupper kan tildeles adgangsniveauer. Så nu har vi brugere forbundet til en gruppe, og grupper forbundet til et adgangsniveau (*Figur 7, Figur 8*)

Figur 7: Adgangsniveauer

Figur 8: Grupper tildelt et adgangsniveau

HVORFOR ADGANGSNIVEAUER?

Som vi har set, er adgangsniveauer en stabel af grupper. Med kombinationen af gruppe tilladelser og adgangsniveauer, er det muligt at løse all bruger cases. I en artikel kan du f.eks. begrænse adgangen til et adgangsniveau (*Figur 9*).

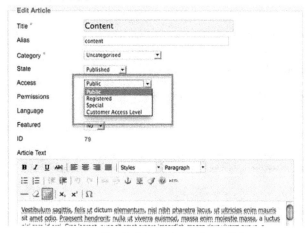

Figur 9: Adgangsniveauer i en artikel

Sådan en funktionalitet er nødvendig for at begrænse adgangen til indhold og funktioner i store organisationer eller for, at e-commerce og abonnementsbaserede services kan bruge cases på Joomla hjemmesider. Joomla! ACL systemet står ikke kun til rådighed for Joomla indhold og kernefunktioner, men er også til rådighed for brug i Joomla udvidelser. F.eks. kan Community Builder og andre medlemsstyringsløsninger udnytte denne forstærkede ACL funktionalitet.

Kapitel 13

Administrering af udvidelser

Der er meget i Joomla!s kernepakke. Ord som komponenter, plug-ins, moduler, templates og sprog, som du allerede har hørt før. Udover disse velkendte dele består Joomla! også af mindre kendte dele som f.eks. biblioteker og pakker. Ekstra komponenter, moduler, plugins og sprog er listet i *Joomla! Extension Directory* (JED)[45]. Joomla! projektet har ikke et centralt sted til templates og biblioteker. Grunden er enkel. Biblioteker udvikles uden for Joomla! projektet, og mange bliver også brugt af andre Open Source projekter. Templates er noget meget individuelt og er derfor til rådighed på designeres hjemmesider. Et centralt directory kun for templates ville være til stor hjælp i fremtiden.

Med den omskrevne extension manager kan du installere, opdatere, opdage opg admininstrere udvidelser direkte fra din Joomla! administration.

ADMINISTRERING AF UDVIDELSER

Lad os se på dine installerede 110 udvidelser i *Extensions* → *Extension Manager* → *Manager*. Du kan filtrere listen ved forskellige parametre. Nogle udvidelser er beskyttede. Din Joomla! installation vil ikke længere virke, hvis du afinstallerer disse beskyttede udvidelser (*Figur 1*).

Figur 1: Tabel med alle installerede udvidelser

Her kan du aktivere, deaktivere og afinstallere udvidelser. Aktivering og deaktivering virker ligesom en lyskontakt. Du kan slukke og tænde for udvidelserne, og alle data bliver gemt. Hvis du afinstallerer en udvidelse, vil den blive slettet. Nogle udvidelser, som regel komponenter, skaber ekstra databasetabeller, mens de bliver installeret. Det afhænger af komponentens afinstalleringsrutiner, om tabellerne bliver slettet eller ej under afinstalleringen. Tjek manualen eller "readme" filen på forhånd og undgå overraskelser.

Det sidste ikon i værktøjslinjen er cache ikonet. Enhver udvidelse kan cache data. Du kan tømme cachen for hver udvidelse. Hvis din Joomla! hjemmeside tiltrækker mange

---

[45] http://extensions.joomla.org/

besøgende, og du derfor ikke har lyst til at tømme hele cachen, har du måske brug for denne funktion.

Hvis du filtrerer listen for **biblioteker**, vil du finde disse fire artikler med det tilsvarende versionsnr.:

- *Joomla! Application Famework*, som er platformen, Joomla! 1.7 CMS er baseret på.

- *PHPMailer*[46] er skrevet i PHP til at sende emails. Den bruges i *mail* to komponenten.

- *SimplePie*[47] er skrevet i PHP til at administrere RSS og Atom feeds. Den bruges i *newsfeeds* komponenten.

- phputf8[48] er et UTF-8[49]-dueligt bibliotek af funktioner, der spejler PHPs egne strengfunktioner. Du kan få en ide om, hvad dette bibliotek gør ved at læse UTF-8 and PHP[50].

Hvis du filtrerer listen for pakker, vil du ikke finde noget i Joomla! kernen. Hvis du installerede et andet sprog end engelsk, vil du finde den sprogpakke der.

OPDATERING AF UDVIDELSER

Her bliver tredjeparts-udvidelser og versionen af Joomla! kernen vist. Her kan du se efter tilgængelige opdateringer for udvidelser ved at klikke på *Find Updates* ikonet. Hvis Joomla! finder en udvidelsesopdatering, og du vil opdatere automatisk, skal du udfylde FTP settings formularen i *Global Configuration* → *Server* → *FTP settings*. Vælg derefter den udvidelse, du vil opdatere og klik på Update ikonet. Processen er fuldautomatisk, og du vil modtage beskeder og hints, alt afhængigt af udvidelsen, mens du opdaterer.

INSTALLERING AF UDVIDELSER

Du kan installere udvidelser på tre forskellige måder (*Figur 2*):

---

[46] http://phpmailer.worxware.com

[47] http://simplepie.org/

[48] http://sourceforge.net/projects/phputf8/

[49] http://en.wikipedia.org/wiki/UTF-8

[50] http://www.phpwact.org/php/i18n/utf-8

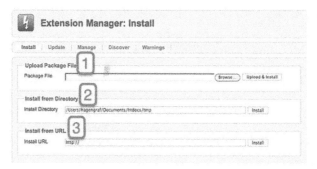

Figur 2: Installering af udvidelser

- **Upload en pakkefil**

  Hvis du har downloaded en zip fil til din computer, og den indeholder en Joomla! udvidelse, kan du bruge denne mulighed til at uploade og installere din udvidelse.

- **Installer fra directory**

  Hvis du har uploaded en zip fil til dit document root directory på din webserver, som indeholder en Joomla! udvidelse, kan du bruge denne mulighed til at udpakke og installere din udvidelse.

- **Installer fra URL**

  Hvis du kender URL'en til en zip fil, som indeholder en Joomla! udvidelse, kan du bruge denne mulighed til at downloade, udpakke og installere din udvidelse.

FIND UDVIDELSER

Af og til går der noget galt i installationsprocessen - det kan være filer, der er for store, tilladelser, der ikke er sat korrekt op eller noget helt tredje. I dette område prøver Joomla! at finde udvidelser, som ikke er installerede, men som alligevel findes i fil directoriet. Hvis en eller flere udvidelser bliver opdaget, kan du installere dem ved at bruge FTP featuren. Glem ikke de korrekte FTP oplysninger i *Global Configuration → Server → FTP settings*. Ved at bruge den såkaldte discover operation kan du installere mange udvidelser på en gang!

ADVARSLER

Fejlmeddelelser relateret til installationer og opdateringer vil du kunne se i dette område. Hvis du ikke kan løse problemet selv, kan du evt. google meddelelsens tekst - så vil du som regel hurtigt finde en løsning eller et godt råd.

Kapitel 14

Kerne udvidelser

Som vi har set i Extension Manager består Joomla! 1.7 pakken af mange indbyggede udvidelser. Vi har allerede set på nogle af dem. Som hjemmesidebruger er du sikkert ligeglad med den udvidelse, du bruger, så længe den virker. Som administrator skal du imidlertid vide, hvad der sker. Vi har allerede set på flere Joomla! udvidelser som f.eks. indholdsudvidelsen, der tillader dig at skrive og administrere artikler samt publicere dem på forskellige måder på hjemmesiden. *User* udvidelsen har at gøre med brugere, *Category* udvidelsen med kategorier osv.

I de følgende kapitler vil jeg gennemgå funktionaliteten i forskellige ekstra udvidelser, der er en del af Joomla! 1.7 kernen. I Components menuen vil du se *Bannere*, *Contacts*, *Beskeder*, *Newsfeeds*, *Redirects*, *Søgninger* og *Weblinks*. Vi vil se på disse komponenter inkl. relaterede moduler og plugins, og sidst men ikke mindst *Mass Mail Users* featuren i *User* komponenten, som gør det muligt for dig at sende massemails til alle dine brugere.

BANNERE

Bannerkomponenten giver dig mulighed for at vise reklamebannere på din side. Et banner kan bestå af grafik eller af skræddersyet HTML kode. Hver gang nogen får adgang til din side, vil et nyt banner blive vist fra din banneradministration. Du kan klikke på disse bannere, og de så er kædet sammen med kundens side. Bannerkomponenten leverer kunde-, kategori- og banneradministration såvel som detaljeret analyse. Jeg vil guide dig gennem et komplet eksempel fra det virkelige liv i dette kapitel.

Hvis du vil sælge reklamer på din hjemmeside, har du brug for tre ting: kunder, bannere og sider på dit website, hvor du vil vise bannerne. Åh, og så glemte jeg en: Du vil også få brug for trafik på din side. Jo mere trafik, jo bedre.

Afhængigt af de aftaler du har med dine kunder, kan du også få brug for et tracking system i forhold til de forskellige indtryk og klik.

Lad os begynde med kunden. Jeg bor selv i et turistområde, hvor lokale firmaer gerne vil reklamere for deres services. Joomla! tilbyder både årlige, månedlige, ugentlige, daglige og ubegrænsede abonnementer. Du kan konfigurere standard abonnementstype i *Components - Banner - Options.*

Min kunde vil gerne betale et månedligt beløb for at blive vist på alle sider med tre forskellige roterende bannere. Jeg tilføjer kunden i *Components - Banner - Clients - New* og udfylder formularen

(Figur 1).

Figur 1: Tilføj en kunde

Før jeg kan skabe individuelle bannere, skal jeg lave en bannerkategori. Kategorier er meget nyttige, fordi jeg senere i bannermodulet kan vælge fra hvilken kunde og fra hvilken kategori, banneret skal vises *(Components - Banner - Categories).*

Jeg er fri til at vælge størrelse på hvert banner, men som vil man bare bruge standard webbannerstørrelse *(Figur 2)*

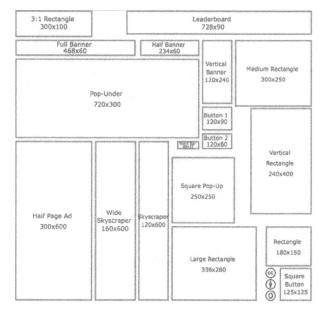

Figur 2: Standard webbannerstørrelse

Kunden vil gerne have tre bannere i leaderboard størrelse (728 x 90 pixels). Jeg laver dem i *Components - Banner - Banner*. Jeg bruger kategorien og kunden, uploader banneret og indtaster størrelsen. I *Publishing Options* kan jeg konfigurere mange forskellige options som f.eks. start- og slutdato for publiceringen af banneret. Dette er især brugbart for tidsbegrænsede abonnementer. Der er også mulighed for at nulstille klik og indtryk (*Figur 3, Figur 4*).

Figur 3: Tilføjelse af bannerformular

Figur 4: Bannere i administrationen

Det næste trin er at lave eller/og aktivere en eller flere bannermoduler. For hver bannerstørrelse har jeg brug for et modul. I mit tilfælde er alle bannere samme størrelse, så et modul vil være nok. Jeg går til Extensions - Modules og filtrerer for Banners. I øjeblikket er der ikke noget der, så jeg skaber et modul ved at klikke på New ikonet. Jeg skal vælge en position, afhængig af templaten. Jeg vælger position 12 fra Beez2 templaten, så banneret vil blive vist over indholdet. I Basic Settings kan du konfigurere meget mere. Det er også muligt at vise modulet i dit indhold (Se kapitlet Moduler).

Search by Tag feltet er en interessant feature. Når den bliver brugt, vil banneret blive vist, når banner keywords (som er indsat i banneret) og side keywords (som er indsat i artikel og andre steder) passer sammen. En anden mulighed for at styre synligheden af modulet er Menu Assignment. En meget vigtig feature er muligheden for at lave en header og/eller en footer tekst. I nogle lande skal reklamer mærkes (*Figur 5*).

Figur 5: Bannermodulet

Banneret vil nu kunne ses på hjemmesiden. Afhængigt af konfigurationen og antallet af bannere vil et nyt banner komme frem hver gang, du opdaterer siden. Banneret er sammenkædet med kundens hjemmeside, og hvis du bevæger musen hen over billedet, vil et tool tip med bannerets titel blive vist (*Figur 6*).

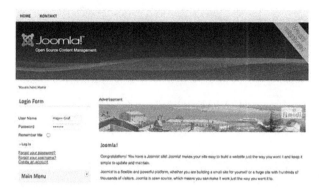

Figur 6: Bannere på hjemmesiden

Hvis det hele er sat korrekt op, vil alle indtryk og klik på banneret kunne spores via bannerkomponenten. Denne tracking kan ses i *Components - Tracks* og er filtreret ved dato, kunde, kategori og type (klik og indtryk) (*Figur 7*).

Figur 7: Banner tracking

KONTAKTER

Enhver hjemmeside har brug for en kontaktformular. I nogle tilfælde vil du måske kun have brug for en, og andre gange vil du have behov for flere formularer. Hvis det drejer sig om en hjemmeside for et firma med mere end en afdeling, vil de måske gerne have en kontaktformular for hver afdeling. Måske vil du vise en kontaktfomular for hver enkelt ansat eller hver brugerkonto.

Alt dette kan gøres ved at bruge Joomla!s kontaktkomponent.

Som vi allerede har set *(se kapitlet Kontaktformular)*, er det ret nemt at sætte en simpel kontaktformular op. Du skal bare oprette en kontakt, tildele den til en kategori og lave et menuelement.

EKSEMPEL

Hvis det er nødvendigt med flere kontaktformularer, skal du overveje den underliggende struktur. Som det er tilfældet med artikelkategorier, kan du også her tildele kontaktkategorier til menuelementer. Resultatet er, at du vil se en liste over kontakter tildelt til den kategori. Hvis du klikker på navnet eller titlen på disse kontakter, vil du få flere detaljer samt selve formularen at se.

Jeg har forsøgt mig med forskellige scenarier med kontaktkomponenten, og mulighederne er fantastiske! Som alle andre steder i Joomla! 1.6 har du muligheden for at skabe kategoritræer og forskellige slags menuelementer. I Options (*Components → Contact → Options*), kan du f.eks. konfigurere kontaktformularens udseende (*Slider, Tab, no formatting*) og definere et imponerende antal andre parametre.

Som et eksempel har jeg lavet et kontaktområde for vores firma med tre forskellige kontaktformularer til forskellige forespørgsler og en kontaktformular for hvert holdmedlem. Når du klikker på linksene, vil kontaktformularen og yderligere detaljer komme frem (*Figur 1*).

Figur 1: Kontaktområdet

For this example, I have created two categories: *cocoate* and *team*. The *team* category is a sub category of *cocoate*. It would have been possible to add an image and a description but I have decided to fill the title field only *(Figur 2)*.

Figur 2: Kontaktkategorier

For hver kontaktformular har jeg brug for en kontakt med en emailadresse. Kontakter kan tildeles til brugere eller stå alene. I dette tilfælde har jeg oprettet tre alenestående kontakter relateret til *cocoate* firmaet uden at kæde dem sammen med en bruger. Jeg har også skabt to kontakter relateret til *team* kategorien og yderligere relateret til en eksisterende brugerkonto *(Figur 3)*.

Figur 3: Kontakter

Hvis nogle af dataene ændrer sig, såsom et telefonnummer f.eks., så vil de være rart for relaterede brugere at kunne lave disse ændringer direkte i deres brugerprofil på hjemmesiden uden at skulle ind i administrator området. Til denne opgave har Joomla! et *User-Profile* plug-in. Du skal bare aktivere det i *Extensions → Plug-ins*. I brugerprofilen vises et nyt område til profilfelter. Området er forbundet med kontaktkomponenten.

BESKEDER

Beskeder er en kernekomponent i Joomla!, og der er et indbygget system til privatbeskeder for backend brugere. Det gør det muligt for dig at modtage beskeder til andre brugere med tilladelse til at bruge administrator området.

Beskedkomponenten er nemt at bruge - dog er der mange, der glemmer, at de kan konfigurere komponenten i *Components - Messages - My Settings*. Du kan konfigurere systemet til at give dig besked om alle nye meddelelser via email, til at slette dem efter et bestemt antal dage, og du kan også låse din indboks.

NEWSFEEDS

Feeds er meget handy. Det er muligt at abonnere på forskellige slags nyheder og information. Uheldígvis bruger folk dem stadig ikke - af uforklarlige grunde. For 30 år siden skulle du købe en avis for at læse nyheder. For 15 år siden åbnede du en browser og besøgte en hjemmeside efter en anden for at læse nyheder. I dag kan du stadig gøre begge dele, men du kan også bruge en feed aggregator. Google reader og den dynamiske værktøjslinje i din browser (f.eks. Firefox) er meget populære. Joomla!s Newsfeed komponenten er også en aggregator. Ikke så sofistikeret som Google reader, men ganske nyttig alligevel.

Newsfeed komponenten gør det muligt for dig at indsamle feeds fra andre hjemmesider og publicere dem på din hjemmeside.

Vores verden bliver hele tiden mere og mere styret af sociale medier, og alle har formentlig masser af forskellige brugerkonti. Ofte lagres videoer og billeder på youtube.com og flickr.com. I et firma er situationen endnu mere kompleks. Forestil dig al den information, der er til rådighed omkring et projekt som Joomla! eller omkring dit firma - altsammen via newsfeeds.

En feed reader på din hjemmeside

Først og fremmest har jeg lavet en newsfeeds kategori, som jeg har kaldt cocoate, i *Components* → *Newsfeeds* → *Categories* og derefter et indlæg for hver feed i *Components* → *Newsfeeds* → *Feeds* (*Figur 1*). Et tilbagevendende problem er ofte at finde det korrekte feedlink. F.eks. ser vores vimeo feed link sådan ud: http://vimeo.com/cocoate/videos/rss. Flickr feed linket til vores billeder ser mere kompliceret ud (http://api.flickr.com/services/feeds/photos_public.gne?id=17963290@N00&lang=en-us&format=rss_200).

I *publishing options* skal du indtaste antallet af feed indlæg, du vil vise, samt antallet af sekunder før cachen er opdateret. Joomla! lagrer kun det antal elementer, som du konfigurerer i dets cache. Det er en vigtig detalje, fordi det i nogle lande ikke er tilladt at lagre indhold fra en offentlig newsfeed i din database.

Figur 1: A collection of newfeeds

Til sidst skal du oprette et menuelement. Du kan vælge mellem tre forskellige layouts i *Newsfeed* komponenten:

1. Liste over alle newsfeed kategorier
2. Liste over newsfeeds i en kategori
3. Kun et enkelt newsfeed

Jeg vælger nummer to, fordi jeg har alle mine feeds i en kategori. Joomla! aggregerer mine feeds på hjemmesiden - f.eks. Vimeo video feed (*Figur 2*)

Figur 2: News feed data

Når du opretter en newsfeed, kan du i *Display Options* konfigurere, om du vil vise feed billedet eller ej. Du kan også begrænse antallet af tegn i det indhold, der skal vises. Featuren er meget brugbar, hvis feed'en indeholder længere artikler, eller hvis du bruger *Feed Display* modulet. Du kan oprette den i *Extensions - Modules - New*. Her er f.eks. New York Times' feed (http://feeds.nytimes.com/nyt/rss/HomePage. Konfigurer modulet ved *position-4* og konfigurer *Basic Options* (*Figur 3*).

Figur 3: Newsfeed modulet

Resultatet på hjemmesiden vil ligne Figur 4.

Figur 4: Newsfeed modulet på hjemmesiden

REDIRECTS

Redirect manageren er en rigtig god ide. Den videresender en besøgende til en gyldig side, når han går ind på en sti på din hjemmeside, som ikke eksisterer. Det er muligt, at den eksisterede før og blev tilføjet til søgeindekset i en søgemaskine, eller at nogen har gemt den på en anden hjemmeside. Problemet opstår ofte efter relancering af en hjemmeside.

Redirect komponenten er meget nyttig. Hvis nogen forsøger at få adgang til en sti, som ikke eksisterer, vil Joomla! vise *404 - not found* siden og samtidig skabe et nyt indlæg i redirect manageren.

Når du får adgang til *Components - Redirects*, vil du se disse links (*Figur 1*). System - redirect pluginet skal aktiveres i *Extensions → Plug-ins*.

Figur 1: Redirect Manager

Du kan nu redigere linksene og tilføje en ny redirect URL. Næste gang den gamle sti bliver forsøgt, vil redirect komponenten sikre, at brugeren bliver videresendt til den nye adresse. Du kan selv oprette redirects, hvis du er bekendt med nogen gamle stier, som ikke længere eksisterer.

Komponenten bruger webserverens omskrivningssystem. I øjeblikket er det kun Apache, som er supporteret med en installeret mod_rewrite. I *Site → System Information* kan du se hvilken webserver, du bruger (*Figur 2*)

Figur 2: System Information

Når du bruger Apache så gå til *Global Configuration → Site → SEO Settings → Use Apache mod_rewrite* og skift til Yes. Bagefter skal du omdøbe filen htaccess.txt til .htaccess. I nogle tilfælde er det ikke muligt at omdøbe filen, fordi den begynder med et punktum. Jeg bruger min ftp klient eller skallen til at omdøbe filen (*Figur 3*).

modules		Directory	02,
plugins		Directory	02,
templates		Directory	02,
tmp		Directory	02,
LICENSE.txt	17,816	ASCII Text	02,
README.txt	4,493	ASCII Text	02,
configuration.php	1,970	php-file	02,
.htaccess	2,425	ASCII Text	02,
index.php	1,394	php-file	02,
joomla.xml	1,273	xml-file	02,
robots.txt	301	ASCII Text	02,

Figur 3: .htaccess

SØGNINGER

Folk forventer at kunne søge efter indhold på din hjemmeside.

Joomla! bruger full text search. Det betyder, at Joomla! søger efter alle de keywords, du indtaster i søgeboksen direkte i databasen.

Dette lyder måske indlysende for de fleste, men det er det ikke. Mange søgemaskiner skaber først et søgeindeks bestående af ord, der bliver brugt på din hjemmeside. Mens søgningen foregår, gennemses søgeindekset for et match. Disse matches er sammenkædet med det faktiske indhold. Søgeresultatssiden er baseret på disse matches og på links. Indeks-baseret søgning er hurtigere end full text search, men indekset skal opdateres hver gang der foretages en ændring på hjemmesiden - ellers vil det nye indhold ikke blive fundet. For at kompensere for fordelene ved indeks-baseret søgning er Joomla! særdeles konfigurerbar.

Søgeordsanalyse

For at få et glimt af det, de besøgende søger efter på din side, skal du aktivere statistikfunktionen (*Components* → *Search* → *Options: Gather Search Statistics - Yes*). Så vil alle ord blive registreret og listet i Components - Search. Glem ikke at aktivere *Show Search results* (*Figur 1*).

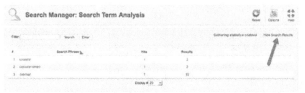

Figur 1: Søgestatistikker

BRUGER INTERFACET

Du kan vælge mellem en søgeboks, som vil kunne ses på forskellige sider på din hjemmeside, og et link til en søgeformular. Søge-udvidelsen leverer et søgemodul til en enkelt boks og et søgelayout til menuelementer. Søgemodulet aktiveres som standard - de fleste templates vil så levere en særlig søgeposition til det. Det har mange forskellige muligheder, inkl. tekst-konfiguration til knapperne og settings til boksens bredde (*Figur 2*).

Figur 2: Søgemodulet

Søgeresultatssiden består af en mere detaljeret søgeformular på det øverste af siden, og søgeresultater nederst på siden (*Figur 3*).

Figur 3: Søgeresultatsside

Brugeren kan konfigurere søge-settings (all keywords, any keywords, exact phrase) og ændre i rækkefølgen på søgeresultaterne. Søgningen kan også begrænses til forskellige indholdselementer som artikler og kategorier.

Bagved scenerne

Du kan konfigurere søgningen i de eksisterende søge plugins. Se på *Extensions - Plug-in Manager* og filtrer for søgetype (*Figur 4*).

Figur 4: Søge plugins

For hver search only boks i søgeformularen er det et plugin. Du kan ændre rækkefølgen eller aktivere eller deaktivere plugins. Du kan også konfigurere forskellige muligheder for hvert plugin, f.eks. om det skal søge i arkiverede artikler eller ej.

Alle installerede udvidelser kan indeholde et søge plugin og derfor integrere sig selv ind i søgeprocessen.

Med den plugin-baserede søgestruktur er Joomla!s søgekomponent let at bruge og let at udvide!

WEBLINKS

Med weblinks komponenten kan du lave en linkliste eller en download sektion, som du kan integrere ind på din hjemmeside. Joomla! leverer kategoritræ-systemet til dette og tæller dermed individuelle hits på linksene. Denne komponent er især brugbar til linkkataloger. Tilføj så mange linkkataloger, som du har brug for, opret så mange weblinks, som du har, og forbind dem ved at tildele kategorier. Tilføj et menulink, vælg et layout og konfigurer mulighederne.

Weblinks komponenten har layouts til tre menuelement-typer: *List All Web Link Categories*, *List Web Links in a Category* og *Submit a Web Link*. Vi har allerede set de to første layouts i artikler og kategorier. Ved at bruge den tredje kan du involvere dine brugere i skabelsen af et fælles katalog. Opret et menuelement 'Submit a Web Link' i brugermenuen og indstil tilladelserne i *Components* → *Web Links* → *Options* til at lade registrerede brugere oprette links. *Options* området har seks tabeller med konfigurerbare detaljer.

Example data inkluderer et linkkatalog (*Figur 1*).

Figur 1: Link catalog

I module manager kan du finde et weblinks modul, som viser links fra en kategori på din hjemmeside.

MASSEMAILS

Nogle gange vil du gerne sende en besked via email til alle dine brugere. Andre gange vil du sende beskeden til en lille gruppe af brugere eller kun til dem, der har adgang til backenden. At sende emails ud er altid følsomt. Ingen har lyst til at SPAMME og ingen har lyst til at modtage SPAM - så vær forsigtig!

For at bruge massemail-komponenten skal du konfigurere Joomla! til at sende emails i Global *Configuration* → *Server* → *Mail settings*. Du kan derefter konfigurere Subject Prefix og Mailbody Suffix i *Users* → *Mass Mail Users*: Options - Mass Mail.

Bruger-interfacet i *Mass Mail Users* komponenten er let at forstå. Du kan vælge brugergruppen til de brugere, som skal modtage mailen. Siden Joomla! 1.7 er det muligt at bestemme, om blokerede brugere skal modtage mailen eller ej.

Du kan også bestemme, om under-brugergrupper også skal modtage emails, om emailen skal være i html format eller plain text, samt om alle modtagere skal listes i email eller om de skal markeres som BCC (*Blind Carbon Copy*). Beskeden har en emnelinje og et skrivefelt. Du kan bruge html, men der er ingen wysiwyg editor (*Figur 1*).

Figur 1: Massemail formular

At lagre massemails i Joomla! er ikke muligt. Efter at du har udfyldt formularen, så klik på send *email*-ikonet. Nu bliver emailsene sendt ud.

Reklamer i Joomla! 1.7 - Begynder Guide

http://cocoate.com/da/j17da/ad

Kapitel 15

Moduler

Et modul er et indholdselement, som kan placeres ved siden af en artikel. En menu er f.eks. et modul. Den lille registreringsblok i venstre side er også et modul. Du kan skabe så mange smarte moduler, som du har brug for, og placere dem på det fastlagte område i templaten.

Moduler er designelementer i alle templates. For det meste har søge- og brødkrummemodulet fastlagte placeringer i templaten. Dette er også sandt for navigationsmodulet i header-området, som ofte kaldes "top" placeringen.

LIGHEDER I ALLE MODULER
Ethvert modul har

• en **titel** som kan vises som en overskrift eller skjules,

• en **placering** i templates,

• en kontakt til at **publicere** modulet,

• et **bestillingsindeks** til at sortere moduler i samme placeringer, bruges som regel i sidebars,

• en **planlægningsfeature** med start- og sluttidspunkt,

• muligheden for at tilknytte et **sprog** til det. Vil kun blive vist, når brugeren vælger dette sprog (se kapitlet om Flersprogede hjemmesider),

• muligheden for at tilføje en **note** til modulet,

• det samme **menu assignment** system som i templates. Du kan begrænse modulets udseende.

ADVANCED OPTIONS
I *Advanced Options* kan du

• vælge mellem forskellige template layouts, hvis templates tilbyder denne feature.

• tilføje et modul klasse suffix, som tilføjer tekst til CSS klassen i modulet. Dette er nyttigt ved individuel styling.

• brug cache systemet ved at tænde og slukke for det og sæt et tidspunkt for, hvornår modulet skal være re-cachet.

KERNEMODULER
Joomla! 1.6 pakken indholder 23 forskellige modultyper. Jeg vil liste og kort beskrive dem i alfabetisk orden. (Beskrivelserne er delvist taget fra Joomla! Help).

• Vi har allerede brugt **Archived Articles** modulet i kapitlet Statuser, affald og check-in. Det indeholder en liste over måneder og er sammenkædet med de arkiverede artikler.

• **Articles Categories** modulet viser en liste over kategorier fra en moderkategori.

- **Articles Category** viser en liste over artikler fra en eller flere kategorier.

- **Articles - Newsflash** vil vise et fast antal artikler fra en specifik kategori eller et sæt af kategorier. Du kan konfigurere rækkefølgen, antallet af artikler, "læs mere" links og meget mere.

- **Articles - Related Articles** modulet viser andre artikler, som er relateret til den, der i øjeblikket bliver vist. Disse relationer fastslås af Meta Keywords.
Alle keywords i den viste artikel sammenlignes med keywords i alle andre publicerede artikler. F.eks. har du måske en artikel om opdræt af papegøjer og en anden om opdræt af sorte kakaduer. Hvis du inkluderer keywordet "papegøje" i begge artikler, vil Related Items modulet liste artiklen om opdræt af papegøjer, når du er ved at læse om opdræt af sorte kakaduer og omvendt.

- **Banners** modulet viser det aktive banner, som vi allerede brugte i kapitlet Bannere.

- **Breadcrumbs** modulet viser de navigations-brødkrummer, som vi brugte i kapitlet Navigation.

- **Custom HTML** modulet gør det muligt for dig at skrive din egen HTML kode og vise den i den passende modul position. I Basic Options har modulet den nyttige Prepare Content feature. Joomla! giver dig muligheden for at tilføje ekstra funktioner til artiklernes indhold, som f.eks. email cloaking, via plugin mekanismen. Hvis du aktiverer Prepare Content, vil det HTML indhold, du føjede til modulet, blive behandlet som ethvert andet artikelindhold.

- **Feed display** modulet aktiverer visningen af et syndikeret feed. Vi brugte det i kapitlet Newsfeeds.

- **Footer** modulet viser Joomla! copyright information. Du kan deaktivere det, men det er meningen, at du skal vise det på din hjemmeside!

- **Language Switcher** modulet er nyt i Joomla! 1.6 - det viser en liste over indholdssprog, som er til rådighed, så du kan skifte mellem dem. Læs mere om denne feature i kapitlet om flersprogede hjemmesider.

- **Latest News** modulet viser en liste over nyligt publicerede artikler. De kan filtreres efter kategori, forfatter og viste artikler.

- **Latest Users** modulet viser de nyeste registrerede brugere. Du kan linke til brugerprofiler, begrænse antallet af brugere og du kan vælge mellem at vise forskellige typer brugerinformation.

- **Login modulet** viser et brugernavn og en password login formular. Det viser også et link til at genfinde et glemt password. Hvis brugerregistrering er aktiveret (User Manager → Options), vil et link til selv-registrering af brugere blive vist. Det er f.eks. muligt at føje ekstra tekst til formularen for at videresende brugeren efter login og logout og for at kryptere login formularen via SSL, som skal være stillet til rådighed af webserveren.

- **Menu modulet** er en beholder, som viser menuelementer fra en eksisterende menu. En menu kan bestå af menuelement-træer. Du kan filtrere disse elementer i start- og slutnivieauer, f.eks. alle links fra det andet og tredje niveau. Det er også muligt at beslutte, om under-menuelementet skal vises eller ej.

- **Most Read Content** modulet viser en liste over allerede publicerede artikler, som har det højeste antal page views. Du kan filtrere ved kategori eller ved antal af artikler.

- **Random Image** modulet viser et tilfældigt billede fra det udvalgte directory. Som regel vil du bruge media manager til at gemme disse billeder. Du kan konfigurere billedets filtype, en URL at videresende til, hvis nogen klikker på det, og du kan justere billedets bredde og højde. Vær dog forsigtig med den sidste mulighed. Joomla! ændrer ikke størrelsen på billedet; den sætter bare attributter i img tagget.

- **Search modulet** viser en søgeboks. Du kan konfigurere boksens design, position og teksten på knappen. Vi har allerede dækket søgemodulet i kapitlet Søgninger.

- **Statistics modulet** viser information om din serverinstallation sammen med statistikker om hjemmesidens brugere, antallet af artikler i din database og antallet af weblinks, du sætter ind.

- **Syndication Feeds modulet** skaber et syndikeret feed til siden, hvor modulet bliver vist. Det viser et ikon. Du kan indsætte tekst til at blive vist tæt på ikonet eller vælge feed formatet (RSS 2.0, Atom 1.0).

- **Weblinks modulet** viser links fra en kategori i weblinks komponenten.

- **Who's Online modulet** viser antallet af anonyme brugere (f.eks. gæster) og registrerede brugere (der er logget ind), som i øjeblikket bruger hjemmesiden.

- **Wrapper modulet** viser et iFrame vindue på et forudbestemt sted på siden. Du kan konfigurere URL'en, hvor den eksterne hjemmeside er, tænde og slukke scroll bars, definere bredden og højden og give iFramen et target navn..

Reklamer i Joomla! 1.7 - Begynder Guide
http://cocoate.com/da/j17da/ad

Kapitel 16

Plug-Ins

Et plugin tilføjer specielle egenskaber til en komponent. Ordet plugin bruges også andre steder. F.eks. bruges plugins i webbrowsere til at afspille videoer. Et velkendt plugin eksempel er Adobe Flash Player. Et godt eksempel på brugen af plugins i Joomla! er søgekomponenten. Fem søge-plugins arbejder sammen om at finde indhold fra forskellige Joomla! komponenter.

Joomla! har otte plugin typer: authentication, content, editors-xtd, editors, extension, search, system og user. Disse er også navnene på hjemmesidens under-registre, hvor plugin-filerne har hjemme. F.eks. er plugins med en form for autentificering placeret i hjemmesideregistret plugins/authentication. Det er ikke muligt og heller ikke nødvendigt at lave en plugin i administrator-området, som vi har set i kapitlet om moduler. Et plugin skal installeres via extension manageren.

AUTENTIFICERING

Autentificering i Joomla! er den proces, hvori man bekræfter om en bruger skal have lov til at udføre bestemte handlinger på hjemmesiden. Autorisation er altid en proces, der efterfølger autentificering. Autorisationen bekræfter, at en registreret bruger har ret til at udføre disse handlinger. Du godkender selv med dit brugernavn og password, og du bliver godkendt af et medlem af en permission gruppe (se kapitlet om Brugere og tilladelser). Joomla! tilbyder tre muligheder for autentificering (*Figur 1*).

Vær forsigtig med at deaktivere plugins. Du skal have mindst et aktiveret autentificerings-plugin, ellers vil du miste adgangen til din hjemmeside.

Figur 1: Autentificerings-plugins

Joomla!

Plugin'et leverer Joomla!s standard adfærd. Du udfylder login formularen med dit brugernavn og password, og din login information vil derefter blive godkendt.

GMail

Hvis du aktiverer GMail plugin'et, vil dine brugere kunne logge på din hjemmeside med deres GMail adresse og password. Det er ikke nødvendigt for dem at registrere sig først. Med det første login vil System plugin Joomla! lave en brugerkonto i databasen.

GMail passwordet lagres krypteret i databasen, så dine GMail konti ikke kan hackes. Plugin'et fremmer login processen for dine brugere. Uheldigvis gør login formularen ikke opmærksom på, at man kan logge in med GMail. Du vil blive nødt til at tilføje ekstra tekst eller finde en anden kreativ løsning.

LDAP

Lightweight Directory Access Protocol (LDAP)[51] er en applikationsprotokol til at læse og redigere data fra directory service. Den bruges af firmaer til at administrere afdelings-tilhørsforhold og medarbejderes telefonnumre.

```
dn: cn=John Doe,dc=example,dc=com
cn: John Doe
givenName: John
sn: Doe
telephoneNumber: +1 888 555 6789
telephoneNumber: +1 888 555 1232
mail: john@example.com
manager: cn=Barbara Doe,dc=example,dc=com
objectClass: inetOrgPerson
objectClass: organizationalPerson
objectClass: person
objectClass: top
```

For at bruge denne plugin til autentificering skal du have en LDAP Server (OpenLDAP), og du skal konfigurere LDAP plugin'et med serverens specifikke data. Du kan finde en god tutorial på joomla.org: LDAP from Scratch[52].

INDHOLD

Udover Joomla! indholdsplugin'et er alle andre indholdsplugins også relaterede til den tekst, du sætter ind i en artikel. Det skræddersyede HTML modul (se kapitlet Moduler) kan også bruge indholdsplugins (Figur 2).

Figur 2: Indholdsplugins

Joomla

Joomla plugin'et har to opgaver:

---

[51] http://da.wikipedia.org/wiki/LDAP

[52] http://community.joomla.org/component/zine/article/507-developer-ldap-from-scratch-sam-moffatt.html

1. Når du forsøger at slette en kategori, fortæller det, når kategorien er 'tom'. Det betyder, at ingen artikler eller underkategorier er tilknyttet den. Du kan deaktivere denne feature i *Basic Settings*.

2. Hvis en artikel bliver oprettet i frontend, vil plugin'et sende en e-mail til alle brugere, for hvem Send *Email* er aktiveret (*User Manager - Edit User*). Du kan deaktivere denne feature i *Basic Settings*.

Loading Moduler

Dette plugin loader HTML'ens output af alle moduler tilknyttet en template modulposition til en artikel. Det eneste du skal er at skrive {*loadposition position-14*} der, hvor modulerne skal vises. Denne feature er særligt nyttig, hvis du skal have bannerreklamer i indholdet.

Email Cloaking

Denne plugin forvandler en e-mail adresse, der er skrevet ind i indholdet i formen navn@eksempel.dk til et link, og skjuler e-mail adressen med JavaScript. Fordelen ved dette er, at e-mail samlingsprogrammerne så ikke kan læse din e-mail adresse så let.

Kode Highlighter

GeSHi plugin'et gør Syntax Highlighting mulig og laver en imponerende liste på din hjemmeside, hvis du sørger for, at koden bliver formatteret med *<pre> </pre>* HTML tags:

```
<pre>
if ($number > 0)
{
    echo $number;
}
else{
    $number++;
}
</pre>
```

Pagebreak

Pagebreak plugin'et tager sig af pagebreaks i artikler. Ligesom image plugin'et er det nemt at integrere i indholdet. Udover et simpelt pagebreak kan forskellige sidetitler og headers også defineres. Du kan sætte pagebreaks ved at bruge pagebreak dialog. Pagebreak'et vil blive vist i tekstvinduet som en simpel horisontal linje. I HTML kode ser pagebreaks sådan ud:

```
<hr title="Page Title" alt="Table of Contents Alias" class="system-pagebreak" />
```

Plugin'et skal aktiveres sammen med Editor-xtd - Pagebreak plug-in'et.

Page Navigation

Dette plugin integrerer *Next* og *Previous* funktionerne under artiklerne.

Vote

Dette plugin tilføje en stemme-funktionalitet til artiklerne.

EDITORS-XTD

De fire editors-xtd plugins genererer knapperne under editor vinduet (*Figur 3*).

Figur 3: Editor-xtd Plug-ins

Artikel

Viser en knap, der sammanekæder den aktuelle artikel med andre eksisterende artikler. Efter at du har klikket på knappen, vil et pop-up vindue lade dig vælge den artikel, du gerne vil sammenkæde den aktuelle artikel med.

Billede

Dette plugin viser en knap til at indsætte billeder i en artikel.

Når du har klikket på knappen, vil et pop-up vindue åbne og gøre det muligt for dig at vælge et billede fra media registret eller uploade nye filer og konfigurere deres egenskaber.

Pagebreak

Giver en knap, der gør det muligt at få et pagebreak indsat i en artikel. Et pop-up vindue gør det muligt for dig at konfigurere de settings, der skal bruges. Plugin'et skal aktiveres sammen med *Content - Pagebreak* plugin'et.

Læs mere

Aktiverer en knap, som gør det muligt at få sat *Læs mere* linket ind i en artikel.

EDITORS

Joomla! kernen har to editorer (*Figur 4*). I *Global Configuration - Site* kan du definere standard editoren for din hjemmeside. Du kan også tildele en forskellig editor til hver brugerkonto (*User - Manager*).

Figur 4: Editor Plug-ins

CodeMirror

CodeMirror[53] er et JavaScript bibliotek, som kan bruges til at skabe et behageligt editor interface til kode-lignende indhold - computerprogrammer, HTML, markup o. lign. Dette plugin skal aktiveres, hvis du vil tilbyde tekstfelter med CodeMirror editoren. Du kan konfigurere editorens adfærd i *Basic Settings*.

None

Dette plugin skal aktiveres, hvis du vil tilbyde tekstfelter uden en editor.

TinyMCE

TinyMCE[54] er en platform-uafhængig, webbaseret JavaScript HTML WYSIWYG editor kontrol. Det er standard editoren i Joomla!.

EXTENSION

Extension plugin'et er relateret til opgaver, som har at gøre med administreringen af Joomla! udvidelser.

Joomla

Dette plugin administrerer opdateringssiderne for udvidelser.

SØGNING

Søgeplugins til *Contents*, *Weblinks*, *Contacts*, *Categories* og *Newsfeeds* kan aktiveres ved behov. De implementerer søgefunktionen i søgekomponenten. Disse plugins skal aktiveres, hvis du forsøger at opnå søgeresultater fra de respektive sektioner. Hvis du ønsker at søge i flere forskellige komponenter, skal de respektive plugins for disse være til rådighed (*Figur 5*).

Figur 5: Search Plug-ins

SYSTEM

Systemplugins er dybt integreret i Joomla! frameworket, og de påvirker som regel hele hjemmesidens adfærd (*Figur 6*).

---

[53] http://codemirror.net/

[54] http://tinymce.moxiecode.com/

Figur 6: System Plug-ins

Sprogfilter

Dette plugin filtrerer det viste indhold, afhængigt af det ønskede sprog. Det skal kun aktiveres, når *Language Switcher* modulet er publiceret.

P3P Policy

Platform for Privacy Preferences, Project (P3P)[55] er en protokol, der tillader hjemmesider at erklære, hvordan de vil bruge den information, de samler om deres brugere. P3P policy plugin'et gør det nemlig muligt for Joomla! at sende en brugerdefineret streng af P3P policy tags til HTTP headeren. Dette er nødvendigt for, at disse sessions virker ordentligt i visse browsere som f.eks. Internet Explorer 6 og 7.

Cache

Dette modul leverer en cache. Du kan konfigurere, om du vil bruge kundens browser til at cache sider.

Debug

Dette modul stiller en fejlretningsfunktion til rådighed, hvilket er meget vigtigt for programmører. Du kan konfigurere parametrene til at bestemme hvilken information, der skal vises.

Log

Dette plugin stiller system log filer til rådighed.

Du kan bestemme log filens placering i *Global Configuration - System - System Settings*.

Dette er et eksempel på sådan en log fil (*/logs/error.php*):

```
#Version: 1.0
#Date: 2011-07-06 12:39:38
#Fields: date    time    level    c-ip    status    comment
#Software: Joomla! 1.7.0 RC1 [ Ember ] 28-Jun-2011 23:00 GMT
2011-07-06 12:39:38 - 92.143.161.32 Joomla FAILURE: Empty password not
allowed
```

---

[55] http://en.wikipedia.org/wiki/P3p

Redirect

Leverer redirect featuren i forening med redirects komponenten.

Remember Me

Dette er en metode til at gemme adgangsdata i en cookie i en kundes browser. Når en bruger besøger din hjemmeside igen, er dataene således allerede i formularen. Lagringen aktiveres kun ved at klikke i en tjekboks under login formularen.

SEF

SEF er et akronym for *Search Engine Friendly*. Dette plugin skaber søgemaskinevenlige URL'er til indholdselementer, som kan konfigureres i *Global Configuration - SEO Settings*.

Logout

Logout system plugin'et aktiverer Joomla! til at videresende brugeren til forsiden, hvis han vælger at logge ud, mens han er på en beskyttet side.

USER

User plugins hører sammen med specifikker brugerfunktioner (*Figur 7*).

Figur 7: User Plug-ins

Profile

User profile plugin'et giver dig muligheden for at bede brugeren om at udfylde ekstra profilfelter, som kan konfigureres i Basic Settings. Det kan også kombineres med contact creator plugin'et for automatisk at skabe et kontaktelement til alle brugere (se også *Brugere og tilladelser*).

Contact Creator

Dette er et plugin, der automatisk skaber kontaktinformation til nye brugere. Det virker i forening med profile plugin'et (se også *Brugere og tilladelser*).

Joomla!

Dette plugin skaber en bruger i databasen efter den første vellykkede autentificering.

Kapitel 17

At arbejde med Templates

For at kunne arbejde med templates skal du ikke kun have gode evner som designer, du skal også have en god forståelse for HTML og CSS. Nogle browsere vil uheldigvis ikke vise de seneste versioner, hvorfor andre versioner stadig er ret almindelige.

Den næste udfordring er den uendelige diskussion mellem udviklere og designere om, hvordan man gør tingene rigtigt. Designere er afhængige af udviklere, fordi de har brug for en HTML struktur med mulighed for at tilføje CSS klasser. Udviklere er også afhængige af designere, fordi selv den bedste komponent vil være svær at bruge uden et godt design.

Joomla! har indbyggede løsninger på begge udfordringer!

Beez templaten eksisterer også i en XHTML og en HTML5 version, og den rigtige HTML struktur med tilhørende CSS klasser skabes med såkaldte Overrides. Overrides betyder, at en designer kan tilsidesætte HTML outputtet, som udviklerens komponent leverer, uden at ændre den oprindelige kildekode.

En anden vigtig deltager i template industrien er 'John Webmaster'. Han vil ofte ændre i headerens grafik som f.eks. farven og bredden.

Joomla! har igen den perfekte løsning, og den hedder Template Style. Template Style betyder, at du kan skabe et uendeligt antal kopier af en eksisterende Template Style for at konfigurere dine egne options og knytte dem til alle eller udvalgte menuelementer. Tag et kig på kapitlet Templates og få mere at vide.

SKAB DIN EGEN STYLE

I kapitlet om flersprogede hjemmesider byggede vi en hjemmeside baseret på Beez2 templaten. Nu vil jeg skabe min egen style og ændre et par indstillinger i *Extensions - Template Manager - Beez2 default*. Ændringerne er som følger:

Style name: *Beez2* - cocoate

Logo: Jeg vil ikke have et logo, så jeg klikker på Clear knappen

Site Title: Joomla!

Site Description: cocoate - konsulentarbejde, coaching, undervisning

Template color: Nature

Jeg gemmer stylen som en kopi ved at klikke på *Save as Copy* ikonet (*Figur 1*).

Figur 1: Individuel template style

Min hjemmeside har nu et helt anderledes udseende (*Figur 2*). Det er muligt at skabe forskellige styles til forskellige dele af hjemmesiden ved at bruge menu assignment featuren.

Figur 2: Website with Beez2 style

At skabe forskellige styles med de options, der er til rådighed, er den nemmeste løsning, men også den bedste og hurtigste. Når en Joomla! opdatering udgives, vil din individuelle style stadig være tilgængelig i den nye version. Du arbejder stadig med kernepakken i Joomla! 1.7 uden nogen ekstra udvidelser!

Reklamer i Joomla! 1.7 - Begynder Guide
http://cocoate.com/da/j17da/ad

TILPAS EKSISTERENDE TEMPLATES

Hvis du læser dette kapitel, går jeg ud fra, at du allerede har skabt en *Template Style* og har fundet ud af, hvordan du arbejder med alle de tilgængelige options, men stadig gerne vil have flere muligheder. Velkommen til HTML og CSS verdenen! Jeg vil også gå ud fra, at du allerede kender disse to forkortelser. Hvis ikke, så slå HyperText Markup Language (HTML)[56] og Cascading Styles Sheets (CSS)[57] op på wikipedia.

I Joomla! kan du redigere alle CSS, som bruges af templaten, i Joomla! Template manager. Gå til *Extensions - Template Manager - Templates* og klik på linket *beez_20* Details. Der kan du lave ændringer i *beez2* templaten og få adgang til alle redigerbare file(*Figur 3*).

Figur 3: Beez2: Tilpas templaten

De redigerbare CSS filer er filer, som er placeret i filsystemet i folderen *htdocs/templates/ [template_name]/css*. Klik på det linkede navn på CSS filen, og en formular vil åbne sig, i hvilken du kan redigere filens indhold ved at bruge CodeMirror editoren. Udover CSS filerne kan du også redigere de tre primære template filer:

• **Main page**
htdocs/templates/[template_name]/index.php

• **Error page**
Hvis en fejl opstår, når du åbner en Joomla! side, vil denne template bruges til fejlsiden.
htdocs/templates/[template_name]/error.php

• **Print view**
Denne template sørger for outputtet til print viewet.
htdocs/templates/[template_name]/component.php

Mange template dele, som f.eks. filerne til core overrides, er placeret i *htdocs/templates/ [template_name]/html*. Core overrides kan ikke redigeres fra administrator backenden.

De ændringer, du laver her, vil ændre kernen i *Beez2* filerne. Det er noget, man skal have for øje i tilfælde af opdateringer.

---

[56] http://en.wikipedia.org/wiki/Html

[57] http://en.wikipedia.org/wiki/CSS

OVERRIDES

Du har allerede lavet en style, ændret CSS filerne og forsiden på din template, og du er stadig ikke tilfreds med dit resultat? :-) Så er dette det perfekte tidspunkt til at diskutere overrides. I Joomla! er der to slags overrides: *template overrides* and *alternative layouts*.

TEMPLATE OVERRIDES

Lad os gå ud fra, at du gerne vil ændre layoutet på søgeresultatssiden. En komponent som søgekomponenten har et standard template layout, som er gemt i filen */httpdocs/ components/com_search/views/search/tmpl/default.php*. Denne fil får søgesiden til at se ud, som den gør. Tilføj et par ord til filen, gem den, og du vil se resultatet med det samme! Tilføj f.eks.

```
<strong>I have changed something :-) </strong>
```

i linje 13 og se, hvad der sker (*Figur 4*).

Figur 4: Ændringer i HTML outputtet

Resultatet er godt for din motivation, fordi det er så let, og det vises i alle templates. **Dog er det ikke godt for dit rygte, fordi du lige har ændret i kernekoden.** Efter den næste Joomla! opdatering vil dine ændringer være væk!

Et bedre alternativ ville være at bruge template overrides i hver template. Kopier den ændrede fil til din template folder til */httpdocs/templates/[template_name]/html/com_search/ search/default.php* og fjern ændringerne i den originale fil. Resultatet på hjemmesiden er det samme, men bagved har du overskrevet den originale .../default.php fil med dit ønskede indholdslayout - uden at ændre i kernekoden - godt gjort!

Dette system blev introduceret i 2007 med udgivelsen af Joomla! 1.5, og det virker stadig godt den dag i dag.

ALTERNATIVE LAYOUTS

I Joomla! 1.7 har overrides en opgradering, som hedder *alternative layouts*. Jeg er sikker på, at du allerede har set Alternative Layout feltet i redigeringsformularen i artikler, moduler og kategorier (*Figur 5*).

Figur 5: Alternative layout i en artikel

Hvorfor har vi brug for alternative layouts? Forestil dig, at du er administrator eller webmaster, og et template kommer med tre alternative layouts til en artikel. Somme tider er det en 'normal artikel', og somme tider skal det ligne et produkt, andre gange en bogside. Du skal bare vælge det layout, du gerne vil bruge. Det lyder som en god feature, og det er det selvfølgelig også.

Teknikken er den samme som ved template overrides. Du skal oprette en folder med det samme navn som komponenten eller modulet og en folder til layoutet. Der er to forskelle:

1. Filnavnet skal være noget andet end *default.php*, da denne fil allerede er reserveret til template overrides.

2. Det alternative layout er naturligvis ikke automatisk udvalgt.

Udover det alternative layout kan menuelement typer tilføjes til layoutet, og artiklens option elementer kan kontrolleres ved at definere dem i en xml fil med det samme navn som den alternative layout fil (*Figur 6*).

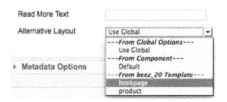

Figur 6: Ekstra menuelement typer

Oprettelsen af disse filer er ikke for begyndere, men jeg er sikker på, at 3. parts-templates snart vil gøre brug af disse nye muligheder (*Figur 7*).

> Read More Text
>
> Alternative Layout   Use Global ▾
> ---From Global Options---
> Use Global
> ---From Component---
> Default
> ---From beez_20 Template---
> bookpage
> product
>
> ▸ Metadata Options

Figur 7: Additional layouts in an article

SKAB EN NY TEMPLATE MED ATOMIC

Atomic templaten er et skelet for din egen template. Den består af:

- */htdocs/templates/atomic*
  component.php - the print view templaten
  error.php - fejlside templaten
  favicon.ico - hjemmeside ikonet (*Favicon* [5])
  index.html - en sikkerhedsfil, der viser en blank side, når registret bliver tastet direkte ind (skal også konfigureres af webserveren, men det er den som regel)
  index.php - templatens forside
  templateDetails.xml - Konfigurationsfilen, som indeholder al information omkring filer, options og positioner, som er nødvendige for at vise templaten i template manageren og senere skabe en installerbar zip-pakke.
  template_preview.png -template forhåndsvisningen, som vises i template manager.
  template_thumbnail.png - template thumbnail billedet, som vises i template manager

- /htdocs/templates/atomic/css
  folderen til CSS filer

- */htdocs/templates/atomic/html*
  folderen til Override filer - Atomic leverer et par *Overrides* til moduler.

- /htdocs/templates/atomic/images
  folderen til billeder.

- */htdocs/templates/atomic/js*
  folderen til JavaScript filer.

- */htdocs/templates/atomic/languages*
  folderen til sprogfiler - Atomic kommer med engelske basis sprogfiler.

Den primære template fil index.php

Filnavnet på denne layout fil skal være *index.php* fordi Joomla! søger efter indlejrede *<jdoc>* og PHP kommandoer. Den nødvendige HTML struktur er allerede indbygget og kommenteret. Du kan ændre indholdet i filen efter behov.

Lad os tage en kort gennemgang, så du får en ide om det:

I *linje 24* kan du vælge, om du vil bruge blueprint CSS framework eller ej.

I *linje 50, 56, 62* og videre kan du se, at termplaten leverer placeringer med specielle navne (*atomic-search, atomic-topmenu, ...*). Hvis du vil bruge disse navne, skal du tilknytte dine moduler til disse placeringer. Hvis du vil ændre navnene, kan du gøre det i *templatedetails.xml* filen.

I *linje 48* kan du se:

```
echo $this->baseurl ?>/templates/<?php echo $this->template ?>/js/
template.js
```

Joomla! kender værdierne i baseurl såvel som navnet på din template, og du kan få adgang til dem, når der er nødvendigt.

I *linje 48* kan du se:

```
echo $app->getCfg('sitename');
```

Den vil fortælle dig navnet på siden.

I *linje 50* kan du se:

```
if($this->countModules('atomic-search')) ...
```

Den tæller som antallet af moduler i positionen atomic-search. Den bruges til at justere dit layout til forskellige situationer.

I *linje 52* kan du se:

```
<jdoc:include type="modules" name="atomic-search" style="none" />
```

Dette er en *<jdoc>* kommando, som kun eksisterer som en navneplads i Joomla!. Den bruges til at indsætte HTML output af en bestemt type ind i attributterne. I dette tilfælde menes der outputtet i alle moduler, der er tilknyttet placeringen *atomic search*. Style-attributen hedder *module chrome* og kan have disse værdier:

- **table** - Outputtet vises i en tabel.

- **horz** - Outputtet vises horisontalt i en celle i en omkringliggende tabel.

- **xhtml** - Outputtet er i et XHTML-kompatibelt *<div>* element.

- **round** - Outputtet er i et format, hvori runde hjørner kan vises. Denne elementtype omdøbes fra modultabel til modul.

- **none** - intet format.

- **outline** - display typen til forhåndsvisning af placeringen (*?tp=1*)

- **Template specifik style** - Nogle templartes, som Beez, har deres egne styles. Se kapitlet, hvor Angie Radtke fortæller om sin Beez template.

Du kan finde en komplet liste over styles i Joomla! documentation - *What is module chrome* [6].

Andre *<jdoc>* typer er:

```
<jdoc:include type="head" />
<jdoc:include type="message" />
<jdoc:include type="component" style="none" />
```

Enhver side har brug for et head og af og til en *message* (efter at du har gemt) og selvfølgelig en *component*. En komponent kan vises pr. side. Komponenten kan også bruge module chrome.

Error og *print view* templatefilerne fungerer præcis som den primære templatefil.

CSS Folder

Du vil finde tre filer i denne folder.

1. *css/template.css* filen med fastlagte og kommenterede CSS kommandoer. Hvis du ikke bruger blueprint frameworket, skal du fjerne kommentarer fra nogle af dem. Linjerne er særligt markerede.

2. *css/template_ie.css* filen er tom. Her kan du tilføje style overrides til Internet Explorer.

3. *css/template_rtl.css* filen er også tom. Du kan tilføje style overrides til højre mod venstre sprog.

Blueprint frameworket

Blueprint er et CSS framework, der er designet til at reducere udviklingstid og sikre kompatibilitet fra browser til browser.

Her er et par sætninger fra readme filen:

Velkommen til Blueprint! Det er et CSS framework, som er designet til at skære ned på din CSS udviklingstid. Det giver dig et solidt fundament at bygge dine egne CSS kommandoer på. Her er nogle af de utraditionelle features, som BP leverer:

* En brugerdefinerbar struktur

* Fornuftig standard typografi

* En typografisk grundlinje

* Fuldendt browser CSS nulstilling

* Et stylesheet til print

* Stærke scripts til tilpasning

* Absolut ingen bloat!

Du kan finde demoer og tutorialer på projektets hjemmeside - *http://www.blueprintcss.org/* .

Kapitel 18

Angie Radtke

Beez Templaten

En template indeholder normalt mere, end du ser ved første blik.

Ordet 'template'er som regel forbundet med hjemmesidens synlige udseende. Men udover designet er templaten kendetegnet ved teknisk implementering. Den bestemmer, hvor indholdet er placeret i flowet af dokumenter, hvor og hvornår forskellige moduler kan aktiveres og deaktiveres, hvilke tilpassede fejlsider der skal vises og hvilken HTML struktur, der skal bruges.

Nogle brugere vil være bekendt med Beez templaten i Joomla! 1.5. Både *beez_20* og *beez5* er visuelt meget forskellige fra den tidligere versions design. Jeg brugte en neutral grå til designet i de elementære komponenter i templaten som f.eks. menuen for at få en løsning, der harmonerer med mange farver.

Selv dengang ville jeg udvikle en standard template, som var kompatibel, tilpasningsvenlig og nem at arbejde med. Jeg valgte farven lilla, fordi jeg håbede, at mange designere ville tage koden, modificere den og gøre den frit tilgængelig. Jeg havde håbet på et stort antal af nye gratis templates. Det er desværre ikke sket.

Jeg begik også den fejl, at jeg ikke kommunikerede klart nok ud, hvad det egentlige mål var. Outputtet var struktureret sådan, at næsten hvilket som helst design kunne implementeres på en simpel og ligefrem måde, med kun få ændringer i CSS. Jeg beholdt dette princip i nye versioner af Beez. Derudover er der flere tilgængelige JavaScript og i *beez5* er der også lidt HTML5. *Beez_20* kræver ikke template overrides. Layout tabeller er endelig ikke i brug mere i Joomla!. Det nye HTML-baserede output følger strukturen i den gamle Beez template.

CSS klassenavnene er blevet omdøbt og forenet for bedre forståelse. Det er en stor fordel for template designere. HTML outputtet fra Joomla! standarden er ren og velformet. Du behøver ikke at bruge template overrides mere for at lave ren, standard-kompatibel kode. De tekniske egenskaber er næsten ens i begge Beez tamplates. De er kun forskellige i deres grafisk design. Beez5 versionen er også designet til brug af HTML5.

DE PRIMÆRE FEATURES
- Tilgængelighed
- Konfigurerbare navigationsplaceringer
- WAI-ARIA Roles Landmark
- Automatisk modulrepræsentation i tilgængelige tabs
- Fade in og fade out af sammenfoldelige moduler
- Fade in og fade out af sammenfoldelige søjler

- I *beez_ 20* kan du vælge mellem to formularer: naturlig eller menneskelig
- I *beez 5* kan du bruge HTML5

GENEREL TILGÆNGELIGHED

For de fleste mennesker er internettet nu normen. Information fra hele verden er klar til at blive hentet ned - både dit lokale supermarkeds tilbud, offentlige kontorers åbningstider og telefonbogen kan du få adgang til via din egen computer. Du behøver ikke føre irriterende telefonsamtaler eller gå ned på biblioteket, du kan bare gå på nettet. Men ikke alle får noget ud af denne udvikling. F.eks. har folk med fysiske eller psykiske handicap svært ved at deltage fuldt ud i samfundet, også selv om de kunne drage stor fordel af kommunikationsteknologien. Men de går ofte glip af dette pga. de barrierer, der spærrer deres adgang til information, eller gør det umuligt. Mange af disse barrierer kan overkommes, hvis tilbudene er designet derefter.

Lederne af netbutikker og banker, som tilbyder online bankvirksomhed, burde være opmærksomme på denne ret så store målgruppe.

Tilgængelige webdesigns sigter på at stille indhold og samspil på internettet til rådighed for alle brugergrupper og enheder, hvis muligt

Ca. 8 % af den tyske befolkning har et fysisk handicap, som gør det svært for dem at få adgang til information via internettet. Sædvanligvis indentificeres ordet "tilgængelighed" i webdesign med Internet til blinde mennesker. Jeg vil lægge vægt på, at dette ikke er det hele - faktisk er det kun den mindste del. Jeg har ofte tænkt på, hvorfor det er sådan. Formentlig er det, fordi skærmen er blevet det klassiske symbol på computeren, og en person, der ikke kan se, kan heller ikke bruge en skærm. I mit daglige arbejde har jeg lagt mærke til, at blinde mennesker i Tyskland klarer sig meget bedre end dem, der har andre handicaps.

Er du blind, har du kun få procent tilbageværende syn i forhold til normalen. Antallet af blinde i Tyskland ligger mellem 150.000 og 200.000. Nogle af dem kan lige præcis tyde tekst via en bestemt tekststørrelse og tilpassede farve settings, mens andre er afhængige af akustisk information eller af at læse blindskrift.

Antallet af folk med alvorligt svækket syn er meget større.

Omkring en fjerdedel af befolkningen i den arbejdsdygtige alder klager over forskellige grader af ametropi. Procentdelen er meget højere hos de lidt ældre mennesker. Nogle af disse problemer kan afhjælpes ret godt med briller, mens andre kun oplever begrænsninger. Nogle øjensygdomme såsom grå eller grøn stær kan helbredes eller bedres via en operation. Andre sygdomme som retinitis pigmentosa og diabetisk retinopati fører til en stadig forværring af synet, indtil det til sidst forsvinder helt. Det visuelle felt i det såkaldte "tunnelsyn" er meget begrænset - sommetider ned til størrelsen på lidt under en 5-krone, som holdes i armslængde ud fra øjnene.

Omkring 10 % af den mandlige befolkning i den arbejdsdygtige alder har en mild form for farveblindhed - det betyder som regel, at de ikke kan kende forskel på nogle røde og grønne nuancer. Farveblindhed over for andre farver, total farveblindhed eller rød-grøn farveblindhed hos kvinder er meget sjælden.

En anden potentiel brugergruppe har problemer med den almindelige input teknologi - ikke alle kan bruge en mus eller et standard tastatur.

Der kan være mange grunde: arme eller fingre er måske lammede eller bevæger sig spontant og er svære at styre. Andre har måske ikke nogen arme og ingen hænder eller er lamme fra halsen og ned efter et slagtilfælde i den ene side. Så længe et menneske er i stand til at sende et kontrolleret binært signal - det berømte 0 eller 1 - kan han lære at betjene en computer og dens funktioner med passende software.

Der er ca. 60.000-100.000 mennesker i Tyskland med begrænset hørelse. Flere tusind af disse har haft vanskeligt ved at lære det tyske sprog, så de kender det kun på 4.-6. klasses niveau. Dette gør behovet for forståelig tekst indlysende for de fleste.

For at kommunikere med hinanden, men også for at modtage nyt eller sofistikeret indhold, foretrækker hørehæmmede at bruge tysk tegnsprog - det er sit eget idiom, uafhængigt af det talte sprog, baseret på et system af tegn og bevægelser.

Opmærksomhed

Ikke kun hørehæmmede surfer internettet, med eller uden at højtalerne er tændt! Det er f.eks. ikke nok kun at give akustiske advarsler - de skal altid følges af et klart visuelt varsel.

Jo mere internettet erobrer alle livets områder, jo mere tydelig bliver de situationsmæssige handicaps: langsomme tilkoblinger i hotellet, ukontrollerbare lysforhold i et bevægende tog, afkald på lyd på arbejdspladsen.

Alle folk får gavn af tilgængelige hjemmesider. Det handler ikke kun om at imødekomme alle behov til fulde, eller om hvilke offentlige insistutioner skal indvillige. Selv små skridt frem mod tilgængelighed kan forbedre en hjemmesides brugervenlighed.
Pga. dets høje udbredelse har Joomla! evnen til at få meget indflydelse. Med standard beez templaten er det nu relativt let at skabe hjemmesider, der er tilgængelige og brugervenlige for de fleste.

Som i beez 1.5 er alt det, der er nødvendigt for designet af tilgængelige templates også implementeret i *beez_20* og *beez5*. De vigtigste er:

• Adskillelse af indhold og layout

• Semantisk logisk struktur

• Anker links

• Tastatur navigering

• Passende farvekontraster

Adskillelse af indhold og layout
Den første og vigtigste regel for udviklere er muligheden for total adskillelse af indhold og layout:

• Ren HTML til indholdet

• Ingen unødvendige layout tabeller

• Kun CSS formattering

• En logisk sematisk struktur

• Anker links

Den lineariserende indholds- og formatteringsmæssige CSS problemstilling er kun en af de vigtigste forudsætninger for nem tilgængelighed.

Hjælpe-teknologi har kun mulighed for at genbruge indholdet efter ønske, når den visuelle præsentation kan ignoreres totalt. At outsource præsentationen til style sheets giver f.eks. svagtseende brugere muligheden for at definere deres egne style sheets i deres browser og tilpasse siderne, så de passer til deres behov. En lineær præsentation af indhold og passende semantisk struktur er særlig vigtig for brugere med skærmlæsere.

Skærmlæsere forstår indholdet af en side fra top til bund, altså lineært. Brugen af mange layout tabeller hindrer linearisering.

Det er de færreste, der kan forestille sig, hvad der ligger bag udtrykket Semantic Web. Du forbinder det sikkert med undervisning i sprog, men det spiller også en særlig rolle, når du skal skrive indhold til internettet. F.eks. kan skærmlæsere tilbyde brugerne at hoppe fra overskrift til overskrift eller fra liste til liste, så de hurtigt får et overblik over dokumentet. Hvis et web-dokument ikke har nogen overskrifter/headere, kan denne funktion ikke bruges.

Den formelle struktur i et web-dokument skal generelt svare til indholdsstrukturen. Afhængigt af web-projektet kan valget af det rigtige heading-hierarki være noget af en udfordring.

I dag findes dette koncept ikke kun i templates, men også i hele Joomla!s standard output. I udviklingen af Joomla! 1.6 var dette en central del af udviklingsarbejdet. Det var både, fordi det gav bedre brugervenlighed i hjælpe-teknologi, men også fordi det havde en betydning for søgemaskineoptimering samt for bedre brugervenlighed i mobile enheder. Velstruktureret kode hjælper nemlig ikke kun handicappede til bedre at kunne navigere rundt på en hjemmeside - selv Google har det bedre med en velstruktureret side.

Anker links

Lineær præsentation har en stor ulempe: Du skal måske rejse meget langt for at få adgang til "bagvedliggende" indholdsområder.
På skærmen findes et tre-søjlet layout, som lader en del områder begynde "ovenfra", og øjet kan hoppe lige til det, hvor det pga. visuelle hjælpemidler leder efter interessant information.

Hjælpen kommer i form af ankere. Ankere er non-visuelle modparter til det grafiske layout, idet de lader en bruger af lineære playback enheder identificere vigtige indholdsområder fra sidens start og med det samme hoppe til de steder, hvor han eller hun mener at kunne finde interessant information.

Rent praktisk betyder brugen af ankere, at du skal indsætte endnu en menu i toppen på hver side til intern navigation. I de fleste tilfælde vil det være nyttigt at skjule denne menu fra de grafiske layout. Det er irriterende for de seende brugere at klikke på et link, hvor der tilsyneladende ikke sker noget, fordi linkets mål allerede er synligt i viewporten.

Under alle omstændigheder skal *"anker links menuen"* ikke være for lang, og den skal være opbygget med omtanke, fordi den udvider sig og komplicerer sansestien pga. lineariseringen. Generelt er det tilrådeligt at tilbyde det primære indhold som det første "hop", så faste besøgende, som kender siden og benytter sig af navigationen, har den kortest mulige vej til deres bestemmelsessted.

Her bliver det klart, at især hjemmesider med komplekse indholdssider ikke kun har brug for et grafisk layout, men også et indholdsdesign, der har til mål at arrangere indholdet i en form, som ikke indeholder unødvendige barrierer for lineariserede brugere.

Eksempel:

```
<ul class="skiplinks">

    <li><a href="#main" class="u2">Skip to content</a></li>

    <li><a href="#nav" class="u2">Jump to main navigation and login</a></li>

</ul>
```

Farvevalg

Farvevalget er, især i tilgængelighedens kontekst, af stor vigtighed, fordi selv mennesker med farveblindhed skal kunne bruge din hjemmeside uden problemer.

Hvis du konverterer et layout til forskellige nuancer af grå, får du en ide om, hvad farveblinde mennesker kan se. Dog er sansningen meget individuel og afhænger af graden af ametropi. Mange farveblinde mennesker har lært at tolke det de nuancer de ser om til farver. De ved f.eks., at græs er grønt, og de kan identificere farven grøn ved at sammenligne græsset med andre nuancer af grøn.

Mere udbredt end den totale farveblindhed er den såkaldte rød-grønne farveblindhed. Pga. en genetisk fejl kan folk ikke kende forskel på rød og på grøn. Blandede farver, som indeholder rød og grøn, er slørede for dem.

Kontraster

Farver spiller også en vigtig rolle i forskellige andre typer af syns-handicap, ikke kun pga. farven selv, men også fordi en betydelig farvekontrast kan være til hjælp i brugen af en hjemmeside.

Både farverne på forgrund og baggrund i tekstelementer bør forme en klar kontrast, selv om det ikke er muligt at vælge farve og kontrast settings, som kan imødekomme alle krav. Sort tekst på hvid baggrund opnår maksimal farvekontrast. For at undgå en forstyrrende skær-effekt kan det være nyttigt med en lettere tonet baggrund. Nogle svagtseende mennesker vil have brug for meget stærke kontraster for at adskille de individuelle elementer af indholdet på en side fra hinanden. For dem er farvekombinationer såsom hvid tekst på en klar orange baggrund ikke tydelige nok. Andre stærke kontraster fungerer som stråling, så indholdet bliver svært at læse.

BEEZ_20: VALG AF DESIGN

I Beez 2.0-templaten kan du vælge mellem personligt og naturligt design. Implementeringen af filerne *nature.css* og *personal.css* via template-parametrene såvel som strukturen på de brugte CSS-filer danner grundlaget for denne metode.

Joomla! 1.7 - Begynder Guide

Figur 1: Vælg style

Der er to yderligere filer, som er ansvarlige for farvesammensætningen. Filerne *position.css* og *layout.css* er ansvarlige for den overordnede placering og afstand.

Hvis du gerne vil ændre farverne i templaten, kan du bare ændre filerne position.css og layout.css, som du ønsker det. Placeringen af indholdet er stadig det samme, så længe det er defineret i andre filer.

Alle style templates er stadig vilkårligt modificerbare og kan ændres af template udviklere, så de inkluderer ekstra templates.
Kildekoden har jeg designet, så den kan tilbyde det maksimale antal af mulige kreative varianter, når man ændrer CSS filerne. På deres egen måde ligner Beez templates frameworks og sparer dig for en masse arbejde.

NAVIGATIONENS PLACERING

Det kan være nødvendigt at placere navigationen før eller efter indholdet - enten af æstetiske grunde eller for at forbedre søgemaskinevenlighed og tilgængelighed. Begge versioner af Beez templaten lader dig vælge mellem to muligheder i backenden.

Figur 2: Vælg navigationens placering

Navigationen er visuelt og semantisk placeret før eller efter indholdet og formatteret via CSS.

Hvis du åbner *index.php* af *beez_20* eller templaten, som du allerede har ændret, kan du finde følgende opgave i linje 27:

```
$navposition = $this->params->get('navposition');
```

Variablen *$navposition* er tilknyttet den valgte værdi i backenden. Variablen ekskluderer værdien til venstre (*left*) eller i midten (*center*). Left repræsenterer placeringen før indholdet, center står for placeringen efter indholdet.

Udtrykket center synes at være lidt forvirrende her, det ville være mere logisk at kalde det højre. Men afhængigt af hvordan du designer CSS'en, kan du placere navigationen i et tre-søjlet view i midten.

JAVASCRIPT OG WAI ARIA

WAI-ARIA (Web Accessibility Initiative - Accessible Rich Internet Applications) er en teknisk specifikation fra the Web Accessibility Initiative[58], som vil lette handicappedes deltagelse i nutidens stadig mere komplekse og interaktive webservices. Denne teknik er særligt nyttig, når det kommer til at designe dynamiske indholdspræsentationer og bruger interfaces. Teknikken er baseret på JavaScript, Ajax, HTML og CSS.

Især blinde mennesker mister ofte orienteringen, når de besøger en side, hvor indholdet pludselig bliver vist eller skjult. Mennesker, der er seende, kan opfatte dette via øjnene, mens blinde menneske kun kan forstå det, når fokus er placeret på det specifikke element.

At fokusere betyder bare at placere cursoren på det rigtige sted for at få adgang til det tilgængelige indhold.

I HTML og XHTML har vi ikke haft muligheden for at fokusere på alle elementer. Kun interaktive elementer såsom links, knapper eller input felter var fokuserbare. Dette har ændret sig med brugen af WAI ARIA og HTML5.

De brugte scripts i Beez templaten er afhængige af denne teknik for at gøre templaten mere tilgængelig for handicappede.

WAI ARIA - LANDMARK ROLES: FØRSTEHJÆLP TIL AT ORIENTERE SIG

Landmark Roles skal lette orienteringen på en hjemmeside ved at beskrive sideområder og deres eksakte funktion på siden. Navigationen har rollen navigation, søgningen har rollen search, det primære indhold har rollen main. Implementeringen er ret let. Elementet bliver kun udvidet til den passende rolle-attribut. På denne måde bliver brugerne af moderne skærmlæsere informeret om rollerne.

```
<div id="main" role="main">
```

Inde i Beez templaten bliver dette gjort automatisk via JavaScript (javascript/hide.js). Godkendelsen af Wai Aria teknologien er stadig ikke gået igennem, og med den direkte implementering i kildekolden ville en hjemmeside dumpe valideringstesten.

Et komplet overblik af landmark roles kan findes her http://www.w3.org/TR/wai-aria/roles#landmark_roles.

Hvis du senere bruger Beez templaten som basis for din egen template og ændrer strukturen på sideområderne, skal du også tilpasse manuskriptet derefter.

---

[58] http://en.wikipedia.org/wiki/Web_Accessibility_Initiative

Sammenfaldende moduler og sidebars

Aktiveringen og deaktiveringen af bestemte områder kan være til hjælp for brugeren, særligt på sider med meget indhold. Begge Beez templates leverer to forskellige måder. For det første kan søjlen med ekstra information aktiveres og deaktiveres, men på den anden side kan modulerne sammenfoldes op til deres overskrifter.

Skjul søjle

For at teste denne funktionalitet skal du placere et modul i søjlen til ekstra information. Modul positionerne *position-6*, *position-8* og *position-3* er til rådighed. Ligegyldigt om navigationen er placeret før eller efter indholdet, når søljen vises, vil et link dukke op lige over teksten *"close info"*.

Figur 3: Skjul søjle

Ved at aktivere dette link bliver søjlen skjult, og linkteksten ændrer sig til "open info", og søjlen bliver genaktiveret med et klik.

Funktionaliteten er kontrolleret af JavaScript. Alle scripts,som er nævnt her, er baseret på det leverede *Mootools* JavaScript framework, som forenkler vores arbejde på mange områder.

Filen hide.js i JavaScript folderen i templaten er ansvarlig for at vise og skjule søjlen.

I *index.php* filen i templaten, omkring linje 194, vil du finde den nødvendige HTML kode.

```
<div id="close">
  <a href="#" onclick="auf('right')">
    <span id="bild">
```

```
<?php echo JText::_('TPL_BEEZ2_TEXTRIGHTCLOSE'); ?>

</span>

</a>

</div>
```

Det tekstmæssige indhold i JavaScript variablerne er kontrolleret med Joomla! sprogstrenge.

Vis og skjul moduler

En af de største udfordringer ved at designe en hjemmeside er den klare struktur, der skal være i indholdet. Særligt på forsiden har du ofte brug for at placere forskellig informaion uden at overfylde siden.

About Fruit Shop

The Fruit Shop site shows a number of Joomla! features.

The template uses classes in cascading style sheets to change the layout of items, such as creating the horizontal alphabetical list in the Fruit Encyclopedia.

Figur 4: beez-Slider

Begge Beez templates kan præsentere moduler i form af sliders.

Her er titlen på modulet det første output. Ved at klikke på plus-tegnet ved siden af overskriften får man modulet til at åbne sig, og dets indhold vil være synligt. Så vil plus-tegnet blive erstattet af et minus-tegn, og modulet kan foldes sammen igen ved at klikke på det. Selv med denne metode har jeg brugt WAU ARIA teknologien.

For at bruge modulerne som beskrevet skal de integreres i templaten ved at bruge følgende kommando

```
<jdoc:include    type="modules"    name="position-8"    style="beezHide"
headerLevel="3" state="0" />
```

Når du bruger *style* = *"beezHide"*, vil alle moduler som er loaded i denne position blive vist som sliders.

Du har måske lagt mærke til, at kommandoen inkluderer attributen "state", som kontrollerer, om modulet er ud- eller sammenfoldet.
Hvis du vælger værdien 0, er den lukket, når først den loader. Vælg så værdien 1, og den åbner sig som standard og kan lukkes igen af brugeren.

Faneblade

Præsentation af indhold i såkaldte faneblade bliver mere og mere populær. Joomla! tilbyder allerede moduler med denne funktion. Men ingen af disse moduler opfylder kravene til tilgængelighed.

Figur 5: Beez faneblade

Den integrerede løsning i Beez er baseret på WAI ARIA teknikker for at sikre tilgængelighed. For at repræsentere modulerne i faneblade er de integreret som følger:

```
<jdoc:include   type="modules"   name="position-5"   style="beezTabs"
headerLevel="2" id="1" />
```

Alle modulerne, som er placeret på position-5, er arrangeret automatisk i form af faneblade. Du kontrollerer HTML outputtet via Style beez tabs (faneblade). Brugen af attributten *id = "3"* er obligatorisk. Grunden til dette er de anvendte JavaScripts struktur. Forestil dig, at du vil have integrerede moduler til forskellige steder i templaten. JavaScript funktionen kræver unik information om hvilke faneblade, der skal åbnes og lukkes. Hvis denne information ikke er der, vil scriptet ikke virke, som det skal. Brug kun tal til ID'et på dette tidspunkt.

JUSTER STØRRELSEN PÅ SKRIFTTYPEN

I top headeren på layoutet kan brugeren ændre skrifttypestørrelsen. Det tekniske grundlag for denne funktion kan findes i JavaScript filen *templates/your_name/JavaScript/ md_stylechanger.js*. I index.php filen kan du inkludere en div container med *id="fontsize"*.

Området er i første omgang tomt og vil blive fyldt dynamisk op med indhold via JavaScript. Hvis dine besøgende har deaktiveret JavaScript, kan de ikke bruge denne funktion.

Nogle vil spørge, hvorfor denne funktion stadig er nødvendig, især når enhver browser har en feature, der kan gøre skrifttypen større. Især for ældre mennesker er denne teknik dog ofte af stor vigtighed, da de fleste af dem er mere eller mindre svagtseende. Ydermere vil især ældre mennesker vide meget lidt om browsers-funktionalitet og lede efter en mere åbenlys måde at gøre det på.

BEEZ5: BRUG HTML5

Beez5 templaten er ikke så forskellig fra *beez_20*, når man ser bort fra nogle designaspekter. De mange features er næsten ens.

Den eneste forskel: *beez5* tillader brugen af HTML5. Hvis du kigger på template parametrene i *beez5*, kan du se, at du kan vælge mellem HTML5 og XHTML kode output. Dette er baseret på HTML5 template overrides, som du kan finde i HTML folderen i din template.

HTML5 leverer mange forskellige muligheder og vil bringe et stort antal ændringer og lettelser i fremtiden, men det er stadig ikke standard godkendt (marts 2011). Mange af de tilbudte muligheder er i øjeblikket ikke pålideligt anvendelige, mens andre kan bruges uden vanskeligheder.

En vigtig del, som allerede fungerer, er de nye strukturelle elementer. HTML4 og XHTML har en lav semantisk vægt. Dette er blevet lettere forbedret med HTML5.

apart from some design aspects. The features offered are largely identical.

Vi har nu en del praktiske elementer til at strukturere siden.

Med elementerne

- header

- footer

- aside

- nav

kan du strukturere en virkelig god side.
Elementer såsom

- section

- article

- hgroup

hjælper dig med at tilknytte større betydning til det faktiske indhold.

HTML5 koden i *Beez5* bruger kun elementer, som er pålidelige lige nu. Kun Internet Explorer Version 8 har som altid enkelte problemer.

Øverst på siden er der indsat et script, som integrerer de ukendte elementer i den eksisterende dokument-struktur.

```
<!--[if lt IE 9]>
<script type="text/JavaScript" src="<?php echo $this->baseurl ?>/
templates/beez5/JavaScript/html5.js"></script>
<![endif]-->
```

Grundlaget for integreringen af HTML5 i Joomla! er template overrides samt svaret på det udvalgte struktur-sprog via template parametrene i index.php. Fordi templaten tillader brugen af to forskellige struktur-sprog, skal du gribe denne mulighed an i index.php.

Altså: Konstruktionen af index.php er ret kompliceret, fordi det afhænger af det valgte struktur-sprog, om en anden HTML kode bliver genereret.
Begynd med at definere dokument-typen.

Når du åbner *index.php* i *Beez5* templaten, kan du med det samme se, hvad jeg mener.

```
<?php if(!$templateparams->get('html5', 0)): ?>
<!DOCTYPE html PUBLIC "-//W3C//DTD XHTML 1.0 Transitional//EN"
"http://www.w3.org/TR/xhtml1/DTD/xhtml1-transitional.dtd"><?php else: ?>
<?php echo '<!DOCTYPE html>'; ?>
<?php endif; ?>
```

Dette koncept er båret gennem hele siden, og HTML5 elementerne kan kun udgives, hvis HTML5 også blev valgt í backenden.

Hvis du senere vil bygge din egen template i HTML5, vil det være bedst at fjerne alle queries og XHTML elementer og sætte HTML5 koden direkte ind.

Kapitel 19

Søgemaskineoptimering

Enhver der har en hjemmeside vil gerne være nr. 1 på søgemaskinernernes og de sociale netværkssiders resultatsider. Det drejer sig naturligvis mest om Google og Facebook. Uheldigvis er der ikke plads nok på den første resultatside til alle hjemmesider og virksomheder i verden, og brugerne ville hurtigt miste deres tiltro til søgemaskinerne, hvis det var muligt at blive vist på første side kun ved at optimere siden for søgemaskinerne.

En hel industri af konsulenter er vokset op omkring dette emne - og alle tilbyder de deres evner inden for søgemaskineoptimering.

Jeg kan se to muligheder for at optimere en hjemmeside. Den første er at hjælpe søgemaskinerne ved at bruge HTML standardkoder og fortælle 'sandheden' om din side, og en anden er at finde andre måder :-). Dette kapitel handler om den første måde.

Search engine optimization (SEO) is the process of improving the visibility of a website or a web page in search engines via the "natural" or un-paid ("organic" or "algorithmic") search results.

Søgemaskineoptimering (SEO) drejer sig om at forbedre synligheden af en hjemmeside i søgemaskinerne via 'naturlige' eller gratis ("organiske" eller "algoritmiske") søgeresultater. Wikipedia[59]

Søgemaskinernes brugere kan godt lide at klikke på naturlige, gratis søgeresultater i stedet for sponsorerede reklamer. Folk prøver generelt at undgå at klikke på reklamer. Google bruger f.eks. *PageRank*[60] algoritmen til at måle en sides 'relevans', og det bliver så tilføjet til søgeindekset.

SÅDAN BLIVER DIN SIDE INDEKSERET

Søgemaskiner benytter sig af såkaldte webcrawlers. Når de besøger din hjemmeside, følger de ethvert link på din forside og tilføjer alle siderne til søgeindekset. Vær opmærksom på, at webcrawlerne ikke kan 'se' siden. De er ikke mennesker, de bruger ikke en browser til at vise din side - de ser kun på din HTML kode. Af og til er antallet af mulige URL'er så højt, at det bliver svært for dem at følge dem alle. Dette sker ofte med lister over indholdselementer, som kan filtreres, eller har en side-navigation. Endeløse kombinationer af parametre er mulige, og kun få vil give unikt indhold.

Når din hjemmeside er færdig, skal du som noget af det første sige hej til dine robotter og give dem mere information omkring din hjemmeside. Søgemaskiner er meget

---

[59] http://en.wikipedia.org/wiki/Search_engine_optimization

[60] http://en.wikipedia.org/wiki/PageRank

interesserede i at vide mere om din hjemmeside, for det gør nemlig deres arbejde nemmere. Prøv *Google Webmaster Tools*[61] og *Bing Webmaster Toolbox*[62].

HJÆLP DIN ROBOT

Robotten besøger nu din hjemmeside. Den kan ikke se, den kan ikke læse. Du skal hjælpe din robot ved at bruge forskellige metoder!

• Robotten leder efter søgeord (ord som brugerne ofte søger på) i dit indhold, så tænk over det, når du skriver en tekst. Af og til skriver folk indhold baseret på nyheder på nettet for at få en bedre ranking. Skriv ikke blogindlæg nr. 455 om de fantastiske features i den nye iPhone :-). Sørg for ikke at ødelægge dit indholds kvalitet ved at bruge mange søgeord og teknikker som f.eks. skjulte søgeord i samme farve som baggrunden. Robotterne er ikke dumme; de har bare brug for lidt hjælp.

• Robotten ser også efter søgeord i meta tags, så sørg for også at skrive søgeord ind der. **Joomla! indeholder muligheder for at tilføje søgeord og andre meta tags til dit indhold i næsten alle redigeringsformularer.**

• En af de vigtigste funktioner i HTML strukturen er links. Brug denne ide til at linke til andre dele af hjemmesiden fra dit indhold.

• Andre hjemmesider kan linke til din side (backlinks). Jo flere site links der er til din side, jo bedre. Links direkte til din forside er bedre end links til undersider (deep links). Undgå betalte links og links fra andre sider, som har et helt andet indhold end din.

• *URL normalization*[63] bruges for at undgå 'robot forvirring'.

• Joomla! indeholder flere metoder i SEO settings (se kapitlet om hjemmesider og indholdskonfiguration) og et *Alias* felt under alle titler i en redigeringsformular, som kan oprette en individuel sti.

Det er muligt at udvide listen, så meget som du vil. De to metoder, som er vigtigst er meta tags og URL'erne. Joomla! dækker begge på en god måde - og Joomla! indeholder endda redirect komponenten, så du kan undgå 404 sider.

MIN PERSONLIGE MENING

Hvis du bruger et CMS som Joomla! 1.7 og en template som Beez2, er dit HTML output teknisk perfekt.

Det kunne du læse mere om i kapitlet *Administrer dit indhold*

Et CMS kan bruges til at administrere information, som skaber værdi for dit publikum.

Hvis du skaber brugbar information med værdi for dit publikum på din hjemmeside, kan du være sikker på, at enhver søgemaskine vil lægge mærke til det.

Forresten, har du hørt om

---

[61] http://www.google.com/webmaster/tools/

[62] http://www.bing.com/toolbox/webmasters

[63] http://en.wikipedia.org/wiki/URL_normalization

Nigritude Ultramarine[64]?

---

[64] http://en.wikipedia.org/wiki/Nigritude_ultramarine

Reklamer i Joomla! 1.7 - Begynder Guide
http://cocoate.com/da/j17da/ad

Kapitel 20

Flersprogede hjemmesider

Jeg bor i Europa. Den europæiske union har 23 officielle sprog. Hvis du skal lave hjemmesider i regioner som disse, skal du tænke flersprogligt. To ting er specielt udfordrende, når det kommer til at skabe flersprogede hjemmesider: Overførslen af de statiske Joomla! tekststrenge såvel som oversættelsen af indholdselementer. Hvor den første udfordring forholdsvis nemt kan overkommes, kan den anden være sværere at overkomme.

Joomla! 1.7 kernen er tilgængelig i mere end 40 sprog, og flere sprog er på vej.

Lad os bygge en flersproglig hjemmeside med Joomla! 1.7 i dette kapitel.

JOOMLA! SPROGPAKKER

Du kan downloade oversættelsespakken fra Joomla Code[65] eller fra Joomla! extension directory[66] og installere dem via extension manageren. Jeg har gjort dette med den tyske og den franske sprogpakke. Efter installationen kan du finde tre installerede sprogpakker (*Figur 1*) ved at besøge *Extensions - Language Manager* i backenden.

Figur 1: Installerede sprog

Sprogkonfiguration

Det er stadig nødvendigt at se nærmere på sprogkonfigurationen for at se, om sprogene er blevet publiceret (*Extension → Language Manager → Installed*) , og om dets indholdsattributter er korrekte (*Figur 2*). Se evt. på (*Extension → Language Manager → Content*). Hvis der ikke er et indholdselement til det installerede sprog, kan du oprette et ved at klikke på new ikonet. Dette skete for mig, efter jeg havde installeret den franske sprogpakke.

---

[65] http://joomlacode.org/gf/project/jtranslation1_6/frs/

[66] http://extensions.joomla.org/extensions/languages/translations-for-joomla

Figur 2: Rediger indholdssproget

SPROGFILTER PLUGIN'ET

For at Joomla! kan skelne mellem de forskellige sprog, skal *System* → *Language Filter* plugin'et (*Extensions* → *Plug-Ins*) aktiveres. Du kan konfigurere sproget ved at bruge Options settings, så besøgende på din hjemmeside kan se sproget, uanset om det gælder sprogversionen af din hjemmeside eller kundens browser settings. En anden konfigurationssetting er *Automatic Language Change*. Hvis den er aktiveret, vil indholdssproget automatisk ændres til frontend sprogsettings.

Alle brugere kan konfigurere deres *frontend sprog*, når de er logget ind i frontenden. For det meste af tiden er der en brugermenu, som afhængigt af dine rettigheder giver dig forskellige menuelementer. I denne brugermenu kan du også finde Your profile linket. Ved at klikke på linket kan du se og redigere dine profildata. I profilens redigeringsformular kan brugere under Basic Settings vælge mellem andre konfigurationer og indstille deres frontend sprog (*Figur 1*). Du kan bruge hjemmesidens standardsprog eller et af de andre tilgængelige indholdsprog. Afhængigt af disse settings, vil sprog-plugin'et lade dig se hjemmesiden på det tilsvarende sprog.

Figur 3: User profile - Basic Settings

LANGUAGE SWITCHER MODULET

Ved at aktivere *Language Switcher* modulet kan du skifte mellem forskellige sprog i frontenden, uanset om du er besøgende eller logget ind som bruger. I Basic Settings kan du tilføje tekst og vælge, om du vil have sproget vist med sprognavn eller ikoner med flag. Jeg er sikker på, at enkelte tredjeparts-templates vil levere særlige template-positioner til dette modul i den nærmeste fremtid. I standard templaten *Beez2* fungerer *position-7* godt sammen med flagene.

Figur 4: Language Switcher

FLERSPROGEDE INDHOLDSELEMENTER

Som jeg tidligere har nævnt, kan alle indholdselementer, som f.eks. en artikel, tilknyttes et sprog. Det svære ligger i at lave alle disse indholdselementer på alle målgruppers sprog (*Figur 5*). Du kan lave indholdselementer i alle sprog, men uheldigvis har Joomla! endnu ikke et oversættelses-workflow, så du skal være opmærksom på at undgå fejl.

Figur 5: Sprogfelt

EN FLERSPROGET HJEMMESIDE

Mit hjemmesideeksempel består af

- en forside med artikler,

- en blog,

- en 'Om os' side,

- en kontaktformular.

Alle indholdselementer skal være tilgængelige på forskellige sprog (*Figur 6*).

Figur 6: Hjemmesideeksempel

Front page

For at gøre det lettere for dig at begynde, har jeg lavet et screencast.

Jeg har oprettet et par atikler for hvert sprog, hvor attributten figurerer (*se kapitlet En typisk artikel*).

Jeg opretter en menu, som hedder *standard* med et *menuelement*, der også hedder *standard*, og som linker til *Featured Articles*. Jeg konfigurerer dette *menuelement* som Home ved at klikke på *Home* ikonet. Menuen standard har ikke brug for et tilsvarende modul, det skal bare eksistere (*denne adfærd findes i den aktuelle version af Joomla! 1.7 og vil forhåbentlig blive ændret i kommende opdateringer*).

Bagefter opretter jeg en menu pr. sprog samt det tilsvarende *menu-modul*. Jeg opretter et menuelement til hvert sprog: *Home, Startseite, Accueil*. Disse *menu-links* skal konfigureres som *Home* ved at klikke på *Home* ikonet. Hvis du ser flaget ved siden af menuelementet, virker det hele fint, men hvis det ikke gør ... så se screencastet :) [67]

---

[67] http://vimeo.com/28593435

Figur 7: En forside til hvert sprog

En blog

I mit tilfælde har jeg allerede en blog på cocoate.com, så jeg bruger newsfeeds komponenten til at vise eksterne blogindlæg. Jeg laver et feed-element til hvert sprog og det tilsvarende menuelement (se kapitlet Newsfeeds).

En 'Om os' side

Jeg laver en 'Om os' side for hvert sprog som beskrevet i kapitlet Sådan laver du en 'Om os' side.

En kontaktformular

Jeg bruger en enkelt kontaktformular til generelle spørgsmål. Jeg har kun et kontaktelement, så det er ikke nødvendigt at tilknytte et sprog. Kun hvis kontaktdata varierer på de forskellige sprog, f.eks. i form af forskellige adresser og e-mails, vil det være nødvendigt at oprette et kontaktelement for hvert sprog.

Login formular

På enhver side vil en loginformular være synlig. Jeg har kopieret det engelske login-modul to gange, konfigureret menu-opgaven, ændret titlen og tilknyttet det korrekte sprog. Nu er det muligt at logge ind og registrere sig på min side.

Bruger-menu

Jeg brugte den eksisterende bruger-menu, som udover at lave en artikel til weblinks også giver dig et link til din profil (Figur 8).

Figur 8: Frontend redigering

Som du kan se, er det ret let at lave en flersproget hjemmeside med Joomla! 1.7 kernen!

Reklamer i Joomla! 1.7 - Begynder Guide
http://cocoate.com/da/j17da/ad

Kapitel 21

written by Jen Kramer *(Tak til Froukje Frijlink som hjalp med mit engelsk)*

En Joomla! 1.7 hjemmeside fra bunden

FØRST SKAL DU HAVE EN PLAN
Der er to slags webdesignere.

Den **første** er typisk. Kunden spørger:

Jeg vil gerne have en blå hjemmeside - hvor meget koster det?

Webdesigneren svarer:

Hvis du vil have den med en kalender, koster det X kr., du kan også få den med en blog, så koster det Y kr.

Denne webdesigner fungerer som en slags knap, man kan trykke på. Kunden beder om noget, og i stedet for at bruge analyse eller mange års erfaring på at løse kundens problem, leverer designeren bare en side, som kunden bad om.

Den **anden** slags webdesigner har en fremtid med større kunder i. Når han får samme spørgsmål, svarer han:

Vi kan sagtens lave dig en blå hjemmeside. Kan du fortælle mig om din organisation, og hvad hjemmesiden skal gøre for den?

Ved at spørge ind til kundens organisation og de problemer, de gerne vil have løst, vil du udvikle et tillidsforhold til din kunde. Det betyder, at færdiggørelsen af af hjemmesiden kun er starten på dit forhold til din kunde. Der vil løbende komme mere arbejde, i stedet for at forholdet bare slutter. Det er meget nemmere at fortsætte med at få løbende arbejde fra eksisterende kunder end hele tiden at lede efter arbejde fra nye kunder.

Jeg går ud fra, at du gerne vil være den anden, altså den mest succesrige webdesigner. Her er nogle tips til at bygge en Joomla! 1.7 hjemmeside op fra bunden.

Virksomhedens mål, brugere og hjemmeside
Tag en snak med kunden om hans organisation, om hjemmesiden skal være en del af en forretning, om den skal være non-profit eller måske en personlig hjemmeside. Du kan måske stille nogle af følgende spørgsmå, og der er også opfølgende spørgsmål til dette:

• Hvad er organisationens mål? (Eksempler: sætte en stopper for hungersnød, tjene penge på at sælge strikke-produkter, opdatere folk om dine seneste aktiviteter)

• Hvornår blev organisationen grundlagt, og hvem tjener den?

• Hvorfor har organisationen brug for en hjemmeside. Har den allerede en hjemmeside, eller er det en ny side?

• Hvis der allerede eksisterer en hjemmeside for organisationen, hvad skal så gemmes fra den gamle side? Hvad ville du tilføje til indholdet på den gamle side? Har den gamle side stadig det rigtige budskab, eller har organisationen ændret sig, siden den blev lavet? Hvem skal vedligeholde hjemmesiden? (Eksempler: IT-ansatte, intern webmaster, sekretæren)

Du vil sikkert have lyst til at stille mange supplerende spørgsmål for at få en fuld forståelse for din kunde og svarene på disse tre nøglespørgsmål:

• Hvad er organisationens målsætninger?

• Hvad er formålet med hjemmesiden, og hvordan støtter det organsationens målsætninger?

• Hvad vil besøgende på hjemmesiden, og hvordan passer det med hjemmesidens og organisationens målsætninger?

Gennem denne samtale burde du kunne identificere nogle bestemte udvidelser, du bør inkludere på hjemmesiden (f.eks. en kalender med et "kommende arrangementer"-modul; en blog med kommentarer og tags, en indkøbskurv, der er integreret med PayPal).

Du bør også udvikle et site map til hjemmesiden. Dette er en detaljeret beskrivelse af alle sider på din hjemmeside, og hvordan de er sammenkædet. Betegnelsen site map refererer også til en side på din hjemmeside, som indeholder links til alle dine sider. Det første site map, du laver, udpensler alle siderne og navigationsstrukturen på et stykke papir, og det andet site map kan genereres via en udvidelse som XMap[68].

For mere information om at planlægge en hjemmeside anbefaler jeg følgende kilder:

• The Elements of User Experience[69], by Jesse James Garrett

• "Website Strategy and Planning"[70], lynda.com video training, by Jen Kramer

SÅ SKAL DU OVERVEJE TEKNOLOGIEN

Hvis du læser denne bog og især dette kapitel, går jeg ud fra, at du har valgt Joomla! som redskab til at bygge denne hjemmeside.

Kunder ønsker måske at vide, hvorfor du har valgt Joomla! til denne side, eller hvorfor det er et godt teknologisk valg for dem. Her er et par argumenter, jeg bruger, når jeg sælger Joomla!:

---

[68] http://extensions.joomla.org/extensions/structure-a-navigation/site-map/3066

[69] http://www.amazon.com/gp/product/0321683684/

[70] http://www.lynda.com/Interactive-Design-tutorials/websitestrategyandplanning/53259-2.html

- Joomla! er et af de tre største Open Source content management systemer i verden [71], støttet af et blomstrende fællesskab og en aktiv udviklingsproces. Nye udgivelser af software sker hver sjette måned.

- Joomla driver over 23,5 mio sider verden over[72]- blandt dem næsten 3000 regerings-hjemmesider[73].

- Fordi Joomla! er Open Source teknologi, er kunden ikke bundet til et enkelt webudviklingsfirma, som de ville være det med proprietær software. Mange firmaer er i stand til at hjælpe med siden.

- Joomla!s interface er nem at bruge, og kunder er glade for at kunne lave ændringer på siden uden at skulle have fat i en webudvikler.

Det er usandsynligt, at du udelukkende vil bruge Joomla!s kerne til at bygge hjemmesiden. I de fleste tilfælde vil du tilføje nogen tredjeparts udvidelser til din hjemmeside. Et godt sted at starte med at lede efter disse er Joomla Extension Directory[74] (JED). Debatten om hvilke Joomla! udvidelser er de "bedste" eller "nødvendige" for alle hjemmesider foregår stadig med stor livlighed blandt Joomla! designere og udviklere.

Fyld ikke din Joomla! hjemmeside med et uendeligt antal udvidelser. Det er bedst at vælge et minimum af udvidelser, kun dem du har mest brug for. Fyld heller ikke siden op med unødvendig ekstra teknologi. Enhver udvidelse skal have et formål, som har et direkte link til målsætningen, som vi gennemgik tidligere. Installer ikke ekstra udvidelser, alene fordi de er "cool", eller du synes de er interessante at bruge - brug kun udvidelser, som bidrager til hjemmesidens målsætning.

NU ER DU KLAR TIL AT BYGGE

Nu har du lagt en plan og valgt dine udvidelser, dit site map er på plads, og du er klar til at lave din Joomla! hjemmeside.

1. Installer Joomla!.

2. Opret kategorier til dit planlagte indhold. Kategorierne kan være drevet af dit site map. Hvis du f.eks. har et område på din side, der hedder Om Os, kan du oprette en passende kategori. Sider som Ledelsen, Historie, Mission og Vision ville blive inkluderet i denne kategori.

3. Indsæt dit indhold i hjemmesiden via Article Manager. Enhver planlagt side kan blive en artikel. Hjælp til at forstå denne proces finder du blandt andet i:

   3.1.   *En typisk artikel*

   3.2.   Sådan laver du en *Om Os* side

---

[71] http://trends.builtwith.com/cms

[72] http://techcrunch.com/2011/06/11/joomla-quietly-crosses-23-million-downloads-now-powering-over-2600-government-sites/

[73] http://joomlagov.info/

[74] http://extensions.joomla.org/

3.3. *Media Manager*, som bruges til at administrere de billeder og dokumenter, du gerne vil inkludere i din artikel.

4. Link artikler til navigationsbaren på hjemmesiden via Menuelementer manageren.

5. Installer en template som giver hjemmesiden det udseende, du ønsker. Du kan udføre dette trin tidligere, men jeg synes det er nemmere at evaluere templatens udseende, når først jeg har lagt noget indhold på siden.

6. Konfigurer de udvidelser, der kræves til hjemmesiden. F.eks. er det meget sandsynligt, at du vil få brug for en kontaktformular til din side.

7. Test din hjemmeside grundigt. Vær sikker på, at navigationen linker korrekt til de forskellige sider og funktioner. Læs alt indhold igennem og ret stavefejl. Se på siden i flere forskellige browsere (som Firefox, Safari, Chrome og Intenet Explorer) på både Macs og PC'er. Siden behøver ikke se helt ens ud i alle browsere, men den skal være læselig i dem alle.

8. Lancer din hjemmeside. Du vil måske foretrække at lancere den begrænset i første omgang, hvilket vil sige, at du lader siden gå online uden pressemeddelelser eller store offentlige reklamekampagner. Det giver dig tid til at teste siden i den virkelige verden, og du kan fikse de problemer, som måske opstår. Når først siden har været aktiv i et uge eller to, kan du lancere den offentligt med den ønskede publicity.

9.

Reklamer i Joomla! 1.7 - Begynder Guide
http://cocoate.com/da/j17da/ad

Kapitel 22

written by Andreas Kölln

Andreas Köllns udvalg af

musthave extensions

Joomla! er et content management system (CMS) med alle nødvendige extensions i basispakken.

Hvad er meningen med dette kapitel? Hvis du vil arbejde med Joomla! på en sikker, behagelig og effektiv måde, og du gerne vil udgive interessant information på din hjemmeside med dertil forberedte moduler, plugins og komponenter, vil du snart nå nogle begrænsninger for, hvad der er muligt med basis installationen af Joomla!. Her vil vi give dig et overblik over vores udvalg af nyttige tredjeparts-extensions, til brug i frontend eller backend.

Der er mere end 8000 extensions til rådighed for Joomla! (se på joomla.org). Dette kapitel kan kun gennemgå et lille udvalg, **som er udvalgt helt subjektivt af forfatteren**. "Musthave" betyder ikke, at en hjemmeside ikke kan laves uden dem, det betyder, at du vil være i stand til at lave en succesrig hjemmeside med større lethed og fleksibilitet.

For hver extension er der en kort forklaring på, hvorfor den er det bedste valg for hver kategori af extensions.
Vi ser kun på extensions, der er forberedt til Joomla! 1.6 og 1.7. Det garanterer deres forenelighed med den nye version af Joomla! CMS.
Den hurtige udvikling og den begrænsede plads i dette kapitel betyder, at listen er ufærdig, og alle brugere med nogen erfaring vil sikkert have en anden mening om den.

Listen inkluderer ikke extensions som kun er interessante for et bestemt område (f.eks. for en webshop). Dette følger ikke ideen om musthaves for alle brugere.

Extensionen vil blive adskilt mellem backend og frontend. Somme tider er det ikke særlig nemt at tilknytte en extension specifikt til et af disse områder, men det er nyttigt for overblikkets skyld. I begge sektorer giver forfatteren en præmie for den mest nyskabende ide.

Listerne helt sikkert en lille reklame for de nævnte extensions, men sådan må det være, hvis de skal være til hjælp for brugere og administratorer.

Forfatteren vil følge Open Source konceptet fra Joomla!. Derfor er der kun GPL-licens extensions på listen (somme tider er der extensions med en gratis og en "pro" version).

MUSTHAVE EXTENSIONS TIL BACKENDEN

Kriteriet for udvælgelsen af extensions til backenden er:

* operationshastighed,

* lethed i administrationen,

* forbedret sikkerhed,

* og overblikket!

De mest nyskabende ideer til backenden er to extensions af Stephen Brandon fra New Zealand.

Hans extensions hedder *MetaMod (gratis og pro version)* og *Chameleon (tidligere MetaTemplate Pro)!*

Dette er et lille referat af disse extensions direkte fra deres skaber:

MetaMod

Har du nogensinde været i en siruation på din Joomla! side, hvor du gerne ville have moduler til at dukke op eller forsvinde på en bestemt side, men det virkede, som om det var umuligt at opnå? Du fandt sikkert ud af, at du kun kan tilknytte moduler til sider, som er direkte tilknyttet et menuelement.

MetaMod kommer omkring denne fundamentale Joomla! restriktion og gør det muligt for dig at få moduler til at dukke op (eller forsvinde) på enhver underside på din hjemmeside. Ydermere kan modulerne kontrolleres af et antal ekstra faktorer:

* dato og tid (f.eks. gentagne tidsåbninger)

* sidetype (f.eks. artikelsider eller søgeresultatssider)

* GeoIP land, by, område osv.

* gruppemedlemsskab eller til specifikke brugere

* browser eller frontend sprog

* forståelig VirtueMart support samt support/sporing til mange andre større extensions

* tilfældige udpluk

* og meget mere!

MetaMod Pro er licenseret under Commercial GPL, er rimelig i pris og er bakket op af omfattende support på dets forum. Hvis du har brug for at kunne gøre noget usædvanligt med modulerne, så spørg på forummet. Det er højst sandsynligt, at det kan lade sig gøre med MetaMod Pro.

Licens: Commercial GPL

Den gratis version af MetaMod fungerer næsten på samme måde som MetaMod Pro, men der er et par begrænsninger i form af, at "mål"-modulerne er lagt ud på siden. I den gratis version er disse moduler placeret i et MetaMod "stedfortræder"-modul, som introducerer ekstra HTML omkring de inkluderede moduler. Det kan somme tider medføre uregelmæssigheder i CSS stylingen og kan forhindre modul-positionerne i at kollapse, selv når det ser ud til, at de ikke indeholder nogen publicerede moduler. På trods af de mulige layout problemer bliver den gratis MetaMod brugt i tusindvis af hjemmesider over hele verden, og det er en rigtig god måde at lære MetaMod på og prøve det i forskellige situationer.

Licens: GPL

Chameleon (tidligere MetaTemplate)

Med Chameleon kan din side ændre templates og menuer og tilpasse dem til forskellige situationer (*Figur 1*).

Figur 1: Chameleon extension

Undersøgelser viser, at du har mindre end 1 sekund til at overbevise en gæst om, at de skal blive på din side. Hvis din gæst googler "sport" og ender på din side, så er det mest sandsynligt, at han beskæftiger sig mere med siden og køber noget på den, hvis templaten er præget af et sportstema. Er gæsten fransk? Vis reklamer en français. Når du først er gået i gang, er det svært at holde op med at finde på nye måder at motivere dine gæster på. Chameleon gør det nemt at vælge en template, en hjemmeside og et udvalg af menuelementer, som du kan bruge på siden.

Chameloen til marketing-folk: Skab et nyt brand til din side afhængigt af gæstens søgeord på Google - eller af deres land eller sprog. Udfør A/B testing på forskellige templates og menuer og find ud af, hvad der konverterer bedst.

• Chameleon i eCommerce: Gør brugerens købsoplevelse bedre ved at skifte til en enklere template til checkout eller andre dele af indkøbskurv-systemet.

• Chameleon til admins: Gør din side klar til flere formål, indsæt et Facebook faneblad, skift templates til forskellige enheder, eller vælg en anden template, menu og hjemmeside til forskellige under-domæner på din side.

• Chameleon er unik, revolutionerende teknologi. Der er ikke nogen anden software til rådighed på markedet, som kan hjælpe dig med at identificere og derefter forsøge at modsvare kundernes forventninger i det øjeblik, de lander på din Joomla! side.

Licens: Commercial GPL

http://metamodpro.com

LISTE OVER FORSLAG PÅ ANDRE EXTENSIONS TIL BACKENDEN

Emne: Backup

Hvorfor dette kan være en hjælp:

Af sikkerhedsgrunde er det nødvendigt, at du løbende laver backup af din side. Med denne extension kan du gøre det let og professionelt:

Foreslået extension: Akeeba Backup

Akeeba Backup Core er efterfølgeren til den nu berømte JoomlaPack komponent. Med Akeeba Backup kan du lave et backup af din side, som kan genoprettes på enhver Joomla! server. Arkivet indeholder alle filer, et database snapshot og en installer, som ligner funktionen i Joomla!s standard installer. Backup- og genoprettelsesprocessen er drevet af AJAX for at undgå server timeouts, selv på meget store sider.
Der bruges stadig samme installationspakke til Joomla! 1.6 siden 3.0.rc1 har Akeeba Backup været den første extension, som understøttede Joomla! 1.6 fuldstændigt. Obs!: For at installere Joomla! 1.6 RC1 eller senere versioner, skal du bruge Akeeba Backup 3.2.b1 eller senere versioner. Tidligere versioner fungerer ikke pga. de ændringer, der blev lavet i Joomla! 1.6 efter RC1.

Akeeba er på dette tidspunkt den bedste backup-mulighed til Joomla!

http://www.akeebabackup.com/

Emne: SEO

Hvorfor kan dette være en hjælp:
Til bedre resultater i søgemaskinerne.

Foreslået extension: shs404SEF

sh404SEF omskriver Joomla! URL'er til et brugervenligt format (SEF URL eller URL omskrivning): mysite.com/index.php?option=com_content&Itemid=69&id=34... bliver til mysite.com/da/sh404SEF-og-url-omskrivning/liste-over-tilgængelige-plugins.html.

Det er en sikkerheds-komponent, såvel som en sidetitel og metatags manager for hver side. Den fungerer med og uden .htaccess filen. Den er kompatibel med Joomfish. Det er et cache system til høj fart med meget små DB queries ovenover.

Et stort antal velkendte komponenter vil blive understøttet.

http://anything-digital.com/sh404sef/seo-analytics-and-security-for-joomla.html

Emne: Antispam

Hvorfor kan dette være en hjælp:

Nu, mere end nogensinde før, er det vigtigt at beskytte sig mod spam!

Foreslået extension: EasyCalcCheck PLUS

Hverken i kerne-formularene eller i tredjeparts extensions er der beskyttelse mod spam. Dette fine plugin tilføjer et aritmetisk problem, et skjult felt og en time lock.

Integrerede anti-spam services er: ReCaptcha, Akismet, Bot-Trap, Honeypot Project, Mollom, StopForumSpam og BotScout.

http://joomla-extensions.kubik-rubik.de/ecc-easycalccheck-plus

Emne: ndholds-editor

Hvorfor kan dette være en hjælp:

Joomla! editoren har de nødvendige funktioner. En ekstra editor som denne giver mange nyttige muligheder.

Foreslået extension: JCE Editor

Hvis du vil arbejde mere produktivt med at skrive artikler, vil en ekstra editor være meget nyttig!

JCE Editoren er en velkendt og konfigurerbar WYSIWYG editor baseret på Moxiecode TinyMCE. Den indeholder avanceret Billede/Media, Fil- og Linkhåndtering, plugin-support og et Administrations-interface til editor konfigurationen.

http://www.joomlackeditor.com/

Emne: Fleksibel placering af moduler, artikler og komponenter

Hvofor kan dette være en hjælp:

Disse er to gode plugins lavet af Peter von Western og en lavet af Mike Reumer, som jeg har tilføjet til listen!

Foreslåede extensions:

* Modules Anywhere,

* Articles Anywhere,

* Plugin Include Component

Modules Anywhere

Med dette plugin kan du placere moduler alle steder, hvor du kan indsætte tekst. Med Modules Anywhere kan du inkludere et enkelt modul eller færdiggøre hele modul-positioner hvorsomhelst på din side, også i tredjeparts komponenter og selv inde i andre moduler.

Modules Anywhere er meget fleskibelt, det virker overalt, ikke kun i artikler. Det virker endda i moduler, og du kan loade et enkelt modul, ikke kun færdige modul-positioner.

http://www.nonumber.nl/modulesanywhere

Articles Anywhere

Med dette plugin kan du placere artikler alle steder, hvor du kan indsætte tekst.

Articles Anywhere er et plugin, der gør det muligt for dig at indsætte artikler overalt på din side. Så du kan placere artikler inden i moduler eller i andre komponenter eller hvorsomhelst.

Du kan placere artikler ved at bruge syntaksen:

- Brug artiklens titel: {artikel En artikel}...{/artikel}
- Brug artiklens alias: {artikel en-artikel}...{/artikel}
- Brug modulets ID: {artikel 123}...{/artikel}

Inden i disse tags kan du placere andre tags, som så igen kan placeres i forskellige artiklers data/detaljer.

http://www.nonumber.nl/articlesanywhere

Plugin Include Component

Dette plugin kan indeholde en komponent i en artikel uden en iframe. Linksene vil fungere som en normal side, stylingen af siden vil blive brugt, ligesom komponentens style.

Syntaksen er {komponent url=''}

http://joomlacode.org/gf/project/include_comp/

Emne: Integrering af JavaScript frameworket

Hvorfor kan dette være til hjælp:

Frameworket er meget stærkt og udvider Joomla! på mange forskellige måder.

Foreslået extension: Jquery++ Integrator

Dette plugin henter jQuery, jQuery UI og jQuery Tools til din side. Det understøtter at tage bibliotekerne fra både Content Delivery Networks (CDNs) og lokale kopier, lader dig aktivere jQuery.noColflict() mode, hvis det bliver nødvendigt. Det indholder også et af jQuery UI temaerne: uiLightness (og du kan downloade og bruge ethvert andet tema).

http://tushev.org/products/jqueryintegrator

Emne: Integration af scripts

Hvorfor kan dette være en hjælp:

Med dette plugin kan du bruge forskellige scripts inde i Joomla!.

Foreslået extension: Embed Any Script

Få JS og VB scripts til din side med lethed!

Med dette plugin vil du kunne få en lang liste af scripts på hver eneste af dine undersider. Plugin'et understøtter også artikel-tags, som har til formål kun at få scripts ind på bestemte sider. Disse tags kan tilknyttes andet end artikler som f.eks. moduler - hvorsomhelst i HTML.

http://tushev.org/

Emne: Administrationskontrol

Hvorfor kan dette være til hjælp:
Forbedret klarhed i admin-panelet

Foreslået extension: KC Admin Quickicons

KC Admin QuickIcons administrator-modulet gør administratoren i stand til at tilføje op til 10 hurtigere ikon-adgangslinks til administrator-kontrolpanelet i Joomla! backenden. Hvert ikon har et tekst-mærke og et link, og det kan bruge et ikon fra khepri or bluestork templaten - du kan også bruge dit eget tilpassede ikon (48px x 48px).

http://www.keashly.net/administration/kc-admin-quickicon

Emne: Filmanager
Hvorfor kan dette være til hjælp:
Hurtigere og mere klart arrangeret fil-håndtering.

Foreslået extension: eXtplorer

eXtplorer er en web-baseret filhåndteringskomponent, til alle dine behov. Den har en desktop-applikationslignende interface med drag&drop, et grid og et registreringstræ og gør meget brug af ExtJS Javascript Library. Du kan bruge det til at få adgang til og ændre i filerne og registrene på din server via FTP eller direkte filadgang.

http://extplorer.sourceforge.net/

Emne: Administrator hjælp
Hvorfor vil dette være en hjælp:
Dette simple plugin vil forhindre, at din admin session udløber. Dette forhindrer f.eks. at du mister indsat tekst.

Foreslået extension: Admin Forever

Du vil aldrig blive logget ud, når du ikke ønsker, at det sker.

http://edo.webmaster.am/projects

Emne: Komprimering
Hvorfor kan dette være til hjælp:
Intelligent caching gør det hurtigere at få adgang til siden.

Foreslået extension: JOT Cache

JotCache er en avanceret løsning til page caching i Joomla! 1.6 frameworket.
JotCache består af JotCache Plugin og JotCache Component.

JotCache Plugin er en udvidet afløser til standard System-Cache plugin'et, men med et stort antal forbedringer!

http://jch-optimize.sourceforge.net/

Emne: Cache-håndtering
Why this may be helpful:
Intelligent caching makes accessing the pages faster

Proposed extension: JOT Cache

JotCache is an advanced solution for page caching in Joomla! 1.6 framework.
JotCache consists of JotCache Plugin and JotCache Component.

JotCache Plugin is an extended replacement of the standard System-Cache plugin, but
with a lot of enhancements!

http://www.kanich.net/radio/site/

MUSTHAVE EXTENSIONS TIL FRONTENDEN

Extensions til frontenden er udvalgt med tanke på vigtige basis-funktioner, som giver
hurtigere adgang og muligheder for besøgende på en hjemmeside, og som ikke er givet i
Joomla!s basis-pakke. Nogle komponenter, moduler og plugins er helt klart ikke
uundværlige, men i øjeblikket er der f.eks. næsten ingen hjemmesider uden et flot slideshow
på forsiden.

Til frontenden giver forfatteren belønningen til en lille extension, der viser billeder/
ikoner (med links) i hvert hjørne (*Figur 2*).

Figur 2: Optimeret kampagne extension

Denne extension har navner Optimized Campaign og kommer fra o-sense!
I disse tider med mange forandringer og globale problemer giver det sidens ejer mulighed
for at udtrykke deres støtte til et vigtigt projekt, deres modstand mod negative politiske
udviklinger, eller kun en simpel rabat for et produkt. Det giver hjemmesiden en individuel
identitet. En ide, som forfatteren prøver at implementere med hans eget template
projekt (tc4j.com).
Modulet vil gøre det muligt for dig at sætte et billede i et af sidens fire hjørner, enten på en
fast måde (billedet vil ikke scrolle ned med siden), så det vil blive i hjørnet - eller scrollbart,
så billedet vil scrolle med siden.

Det vil være godt i kampagner, live chats, "Find os" eller "Følg os" brug.

http://www.o-sense.com/

Emne: Kontakt

Hvorfor kan dette være til hjælp:

Kontaktkomponenten i Joomla! er meget simpel og har kun få muligheder.

Foreslået extension: Fox Contact form

En kontaktformular, der er hurtig og meget nem at sætte op. Lavet til Joomla! 1.6.
Uden tabeller og med CSS stylet output er det nemt at integrere den på din hjemmeside.

Nogle interessante features:

• Mange modtagere

- Antispam system
- Captcha system

Flere sprog

og meget mere

http://www.fox.ra.it/joomla-extensions/fox-contact-form.html

Emne: Søgning

Hvorfor kan dette være til hjælp:

Dine besøgende kan hurtigt se, om et søgeord er til at finde på din hjemmeside.

Foreslået extension: RokAjaxsearch

Dette stærke modul giver fantastisk søge-funktionalitet til Joomla! og bruger det stærke og alsidige JavaScript bibliotek, Mootols, såvel som en komplet Google Search integration (*Figur 3*).

Figur 3: RokAjaxsearch extension

http://www.rockettheme.com/extensions-joomla/rokajaxsearch

Emne: Slideshow

Hvorfor kan dette være til hjælp:

Næsten alle moderne hjemmesider har et slideshow, ofte på forsiden.

Det giver gæster et godt indtryk af din identitet.

Foreslåede extensions:

- Image Show GK4
- LOF Articles Slideshow Module

Image Show GK4

Med Image Show GK4 modulet kan du lave et slideshow på en side, som indeholder mange billeder og artikel-fragmenter eller tekster, som defineret af en bruger.

Takket være slide management-systemet, som er integreret i modulet, er det meget nemt, intuitivt og hurtigt. Med den nye metode til at lave modul-styles kan du let flytte din slideshow style fra en template til en anden.

Takket være de genopbyggede administrationspanel kan du fra nu af administrere slides uden at bruge ekstra komponenter.

http://tools.gavick.com

LOF Articles Slideshow Module

Dette modul er den mest iøjnefaldende måde at vise artikler i et slideshow. Modulet bruges som regel oven på det primære indhold. Med mange understøttede animationer og med en nem måde at kontrollere modul-displayet på kan du gøre alt, hvad du vil, for at imponere din kunde.

http://landofcoder.com/joomla/f33/lof-articlesslideshow-module

Emne: Video player
Hvorfor dette kan være til hjælp:
Med de nye kameraer er det nemt og billigt at optage dine egne videoer og sætte dem på din side.

Proposed extension: JPlayer

JPlayer er et simpelt flash player plugin til Joomla! baseret på flash playeren "JW Player". Plugin'et er afledet af AllVideos plugin (af JoomlaWorks). JPlayer har simplificeret kode uden unødvendige funktioner, men er forbedre med mange brugbare funktioner. Plugin'et er nemt at bruge, tilbyder mange forskellige parametre, spiller videoer med undertekster og meget mere.

http://vault.futurama.sk/joomla/

Emne: Galleri
Hvorfor kan dette være til hjælp:
En nem måde at lave dit eget fotoalbum!

Foreslået extension:

Phoca Gallery,

Simple Image Gallery (SIGE)

Phoca Gallery

Phoca Gallery er en Joomla! 1.6 komponent, der indeholder et billedegalleri med slideshow.

Med mange add-ons imødekommer det næsten alle krav.

http://www.phoca.cz/phocagallery/

Simple Image Gallery (SIGE)

SIGE (Simple Image Gallery Extended) er et stærkt indholds-plugin til Joomla! 1.6. Det tilbyder mange muligheder for at præsentere billeder nemt og hurtigt i artikler. En særlig feature i plugin'et er, at du kan kontrollere alle parametre på syntaks kaldet.

http://joomla-extensions.kubik-rubik.de/sige-simple-image-gallery-extended

Emne: Facebook integration

Hvorfor kan dette være til hjælp:

Facebook er i øjeblikket en musthave platform, hvis din hjemmeside skal være populær.

Foreslået extension: Facebook Link Content Image

Det tilføjer absolutte links til billeder fundet i artikler i sidens header. Det er nyttigt til at dele links på Facebook væggen. Kompatibelt med Open Graph. Plugin'et virker kun til komponenter, som flytter arrangementer fra indholdskomponenter som f.eks. Joomla! Articles, Section/Category Blog, Frontpage/Featured. Det virker kun med HTTP URL'er.

http://www.perfect-web.pl/download/joomla/plugins

Emne: Social bookmarking

Hvorfor kan dette være til hjælp:

En bro fra Joomla! til det sociale netværk og til social marketing!

Foreslået extension: Nice Social Bookmark

Dette modul viser ikoner fra de 12 bedst kendte sociale netværkssider (delicious, digg, facebook, google, linkedin, mixx, myspace, newsvine, reddit, stumbleupon, technorati, twitter and rss feed). Der er 4 forskellige størrelse ikoner at vælge mellem (24,32,48,64) og 6 forskellige ikon-sæt (aquatic, orange round, white round, logorunner, glass and iPhone).

http://salamander-studios.com/

Emne: Tweet

Hvorfor kan dette være til hjælp:

Flere og flere mennesker bygger deres egen tweet op for at informere andre om deres nyheder meget hurtigt.

Foreslået extension: Tweet Display 1901

Tweet Display 1901 er et simpelt modul, som automatisk viser dit Twitter feed i en pæn widget på din side.

http://a.1901webdesign.com/

Emne: Menu

Hvorfor dette kan være til hjælp:

Opgrader din egen hjemmeside og gør den mere tilgængelig med nyttig avanceret navigation!

Foreslået extension: Art Wijmo Menu

Art Wijmo Menu er en gratis tilpasningsvenlig menu med horisontale og vertikale layouts med flere forskellige temaer.

http://www.artetics.com/

Et god alternativ modul: Maxi Menu CK

Emne: Sitemap
Hvorfor dette kan være til hjælp:
Et sitemap er godt for besøgende og for søgemaskiner!

Foreslået extension: XMap

Xmap er en sitemap generator-komponent til Joomla!. Xmap lader dig skabe et kort over din side ved at bruge menu-strukturer.
Mange plugins er tilgængelige for de mest populære komponenter!

http://joomla.vargas.co.cr/

Emne: Gæste-tæller
Hvorfor kan dette være til hjælp:
Dette er for at vise gæsterne, hvor populær din hjemmeside er!

Foreslået extension: VCNT

Lille og hurtig gæste-tæller modul til Joomla! 1.6

Features:

• Viser i dag, i går, ugentlig, månedlig, alle statistikker

• Låsetid

• Tidsindstillet tæller

• Automatisk oprydning i databasen

• Horisontalt syn

• Ekskluder bots

• Ekskluder IP-addresser

• XHTML 1.1 og CSS gyldig

• MVC

NY: Konkurrence - en vinder kan bestemmes efter et bestemt antal besøgende.

http://joomla-extensions.kubik-rubik.de/vcnt-visitorcounter

Emne: Typografi
Hvorfor dette kan være til hjælp:
Grafiske elementer, der er nemme at bruge til deres egne artikler.

Foreslået extension: JB Type

JB Type ern Joomla! style og et typografi plugin til dit indhold. Ved at bruge simpel Joomla! syntaks kan du skabe fantastisk typografi til din side uden at kende til HTML. Plugin'et overgiver simpelthen prædefinerede styles i dit indhold. Nu kommer det med et JCE plugin, som gør det muligt for dig også at overgive JB Type styles i editor vinduet.

http://www.joomlabamboo.com/joomla-extensions/jb-type-joomla-typography-plugin

Emne: Favicon

Hvorfor dette kan være til hjælp:

Iøjnefaldende webadresse

Foreslået extension: Phoca FaviconA er en simpel komponent, der genererer en favicon på din Joomla! side. Du kan ændre i faviconen når som helst.

http://www.phoca.cz/phocafavicon/

Reklamer i Joomla! 1.7 - Begynder Guide
http://cocoate.com/da/j17da/ad

Kapitel 23

Opgrader fra ældre versioner

Opdateringsprocessen er rigtig let - som beskrevet i denne herlige grafiske model, lavet af Kyle Ledbetter (*Figur 1*).

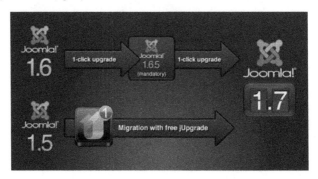

Figur 1: Joomla! 1.7 Upgrade-Info (skabt af Kyle Ledbetter[75])

OPDATERING FRA JOOMLA! 1.6.5

Jamen, det er let.

Besøg *Extensions* → *Extension Manager* → *Update*

Klik på knappen, og du er færdig!

Det er så tid til at slappe af, tage en kop kaffe og tænke:

Det var en god beslutning at starte mit nye projekt med Joomla! 1.6

Attention: Mange tekststrenge i sprogfilerne er blevet ændret. One-click opdateringen inkluderer ikke lokale sprogpakker. Hvis du har installeret lokale sprogpakker, er det nødvendigt at opdatere disse ved at installere dem igen.

Hvis du synes denne 'one click solution' er alt for nem. Det er den ikke! Se på den mere detaljerede Joomla! dokumentation [76].

MIGRER FRA JOOMLA! 1.5

Hvordan kan du migrere en Joomla! 1.5 hjemmeside til Joomla! 1.7 uden at miste data eller lignende katastrofer?

Der er to måder, hvorpå denne opdatering kan laves:

---

[75] http://www.kyleledbetter.com/

[76] http://docs.joomla.org/Upgrade_1.6.5_to_1.7

1. Du kan opdatere din eksisterende Joomla! 1.5 hjemmeside ved at bruge en ekstra komponent. Komponenten loader alle de nødvendige filer med et klik til din Joomla! 1.5 hjemmeside og konverterer dem automatisk til Joomla! 1.7.

2. Du kan skabe en tom Joomla! 1.7 hjemmeside og indsætte dataene fra din Joomla! 1.5 hjemmeside manuelt.

Autoopgradering fra Joomla! 1.5 til Joomla! 1.7.

ADVARSEL: Den opgraderingskomponent, jeg bruger, tillader ikke overførslen af ALLE tredje-parts komponenter.

Men generelt synes jeg, at ideen er god. :-)

Før du begynder, skal du kunne svare højt og klart JA til følgende spørgsmål.

Lever din server op til Joomla! 1.7s minimumskrav?

• PHP, version 5.2.4 eller højere

(*Ikke* til Joomla 1.7 men til opgraderingskomponenten vil du få brug for CURL modulet i PHP).

• MySQL, version 5.0.4 eller højere

Er alle de installerede udvidelser tilgængelige i Joomla! 1.7?
Have a look at the extension directory extensions[77]. TO DO 1.7 Link

Er den installerede template tilgængelig til Joomla! 1.7, eller kan du ændre den manuelt?
Her er en god præsentation af Chris Davenport[78]. Det handler om Joomla! 1.6, men generelt har intet ændret sig i Joomla! 1.7[79].

Kan du lave en lokal kopi af din side?

Er du erfaren nok til at ændre små stykker kode, når du bliver instrueret i det :-)?

Hvis du er godt tilpas og har svaret ja til alle spørgsmålene, så lad os komme i gang!

Trin 1: Back-up
Før du gør noget andet, så lav endelig backup på din side.

Du bruger formentlig allerede *Akeeba Backup* [5]. Denne udvidelse er klar til Joomla! 1.5, 1.6 og 1.7.

Hvis ikke du allerede bruger den, så installer den og brug den til at lave backup på din side!

Trin 2: Lav en lokal kopi af din side
Hvis du opstiller en lokal kopi manuelt, skal du

• kopiere dine filer

---

[77] http://extensions.joomla.org/extensions/advanced-search-results/524478

[78] http://twitter.com/DavenportTech

[79] http://www.slideshare.net/chrisdavenport/template-changes-for-joomla-16

- dump din MySQL database, lav en lokal database og importer de dumpede data til den lokale database

- ændre i *configuration.php*

  Du kan også implementere processen med Akeeba backup, som gør det muligt for dig at lave en zip-pakke af din side. For igen at skabe en hjemmeside fra denne pakke, skal du bruge *Akeeba Kickstarter*.[80]

- Placer kickstart-filerne og zip-pakken af din side i den lokale folder i hjemmesiden (*htdocs*).

- Opret en tom database til din Joomla! 1.5.

- Start kickstart.php. Formentlig vil URL'en ligne denne http://localhost/kickstart.php. Følg derefter instruktionerne.

Trin 3: Opgrader komponenten

Der findes en opgraderings-komponent, som er lavet af Matias Aguirre[81]. Følgende data vil blive overført:

Den migrerer helt sikkert

- Bannere - 100%

- Kategorier - 100%

- Kontakter - 100%

- Indhold - 100%

- Menuer - 100%

- Moduler - 100%

- Newsfeeds - 100%

- Brugere - 100%

- Weblinks - 100%

Installer komponenten [82] i din Joomla! 1.5 installation. Lancer den og start opgraderingen - det er det hele. :-)

Komponenten opretter en folder med navner *jupgrade* og installerer Joomla! 1.7 varianten af din hjemmeside i denne nye folder (http://localhost/jupgrade).

Joomla! 1.7 kerne-templaten bliver så aktiveret.

Sprogfiler

---

[80] http://www.akeebabackup.com

[81] http://twitter.com/maguirre

[82] http://www.matware.com.ar/downloads/joomla/jupgrade.html

Hvis du bruger Joomla! på et andet sprog end engelsk, skal du først installere de korrekte sprogfiler. [83].

Template
Tilpas din template og aktiver den.

GENEREL JOOMLA! UDVIKLINGSSTRATEGI
Denne vidundelige graf giver dig en præcis forestilling om fremtiden (*Figur 2*).

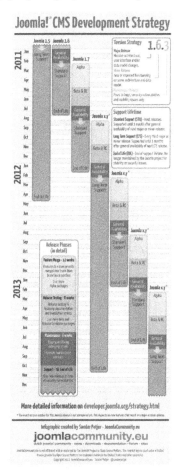

[83] http://extensions.joomla.org/extensions/languages/translations-for-joomla

Figur 2: Generel Joomla! udviklingsstrategi (Grafen er lavet af Sander Potjer - Sander Potjer[84])

_____

[84] *http://sanderpotjer.nl/*

Kapitel 24

written by Henk van Cann *(Tak til Froukje Frijlink som hjalp med mit engelsk)*

Få respekt og tjen penge med Joomla!

CMS-implementering er svær, men spændende at være involveret i. Hvor god du er rent teknisk, de sociale forbindelser du har, hvor ærlig og grundig en medarbejder du er - disse ting øger hverken folks respekt for dig eller størrelsen på din pengepung.

Dette kapitel drejer sig om, hvad du skal gøre, og hvad du ikke skal gøre, når du vil leve af Joomla! support og implementering.

Hvad tæller, når du vil tjene penge og få respekt?

- Stå fast på dit, men vær sympatisk
- Deadlines først og "flex scope" (vær fleksibel mht. rækkevidde)
- Husk at sælge og forhandle kontinuerligt
- Definer dine roller og spil dem!

HVORFOR MIG?

Kan du nikke genkendende til dette:

- Jeg har kunder, der ikke betaler deres fakturaer.
- Jeg arbejder dobbelt så meget, som jeg bliver betalt for.
- Jeg har haft en stor misforståelse med en kunde omkring levering.
- Jeg har oplevet respektløshed fra kunder.
- Jeg ser ned på de valg, mine kunder tager, for jeg er jo eksperten.
- Jeg får ingen eller kun lidt anerkendelse for det, jeg leverer.
- Jeg kæmper mod scope creep.
- Jeg er for lang tid om at levere produktet, men kunden er ligeglad.
- Jeg taler tit med min ægtefælle om, hvorvidt det er en god ide at fortsætte med min virksomhed.
- Jeg tænker på at gå tilbage til et normalt og nemt arbejde.

Du er ikke alene.

Hvis du ikke kender til noget af det førnævnte, er du et naturtalent i at tjene penge og få respekt via din ekspertise inden for Open Source CMS.

Eller har du læst dette kapitel før??

BENÆGTELSE

Efter mange års hårdt arbejde, finder du kun dine soulmates på Open Source arrangementer og møder, hvor vi deler vores oplevelser. Eller via IRC, hvor vi brokker os over vores kunder: de er dumme, de vil ikke betale, de tror de ved det hele, de forventer at du arbejder uden at de har skrevet under på noget osv. Det der egentlig sker her er, at vi **lider af benægtelse.** Kunden er ikke problemet. Det er os, der skal ændre vores holdning til tingene.

"Jeg er ikke sælger, jeg er bare god til at bygge systemer"

Fair nok, men du startede jo ikke din egen virksomhed for at lave velgørenhedsarbejde. Folk der arbejder med velgørenhed får respekt og "sælger" deres frivillige arbejde.

Hvis du har besluttet at starte dit eget firma, kan du ikke lade være med at sælge. Du skal hurtigt springe af den forkerte bus.

"Jeg er bare ikke sælger - jeg er for blød. For at være helt ærlig så hader jeg at sælge."

Du har brug for at ændre den måde, du ser verden på. At sælge er en profession, der skal tolkes som "købehjælp". Glem dine fordomme og begynd at hjælpe din kunde med at købe de rigtge ting (i stedet for at sælge), og lær dem at give dig den respekt og behandling, som du fortjener, oven i betalingen. .

"Større organisationer vælger ikke små firmaer til til deres store projekter."

Spil deres spil og spil det godt, så skal de nok vælge dig.

"Mine kunder er ikke sådan."

Så få en anden type kunder eller lær dine nuværende kunder, "hvordan det fungerer".

"Man kan ikke tjene penge nok på Open Source."

Tværtimod: Open Source integrering har mindst fem store innovative fordele[85], som lukkede systemer ikke kan slå. Det er bevist og uimodsigeligt. Derfor er der mange penge at tjene i at stå for erstatningen af et lukket system med Open Source. Lukkede systemer handler generelt om mange penge. Lukkede systemer vil med tiden tilpasse sig til Open Source innovation. Men det vil tage tid. **I mellemtiden er din ekspertise respekt og penge værd.** Hvis du ikke er overbevist endnu, så klik på linket ovenfor og læs om de omtalte innovative fordele ved Open Source teknologi - om ikke andet så fordi du skal udstråle stolthed.

Stadig i benægtelse?

---

[85] http://www.2value.nl/en/weblog/weblog/five-innovative-characteristics-of-open-source

Undskyld vi forstyrrede! Fortsæt endelig med dit gode arbejde og læs i de andre kapitler, du kan finde i denne bog. En sidste anmodning: Visk venligst dig selv ud stille og roligt, fattig og ensom. :-) **De andre kapitler er værd at læse.** Tag ikke fejl. Men du skal lade være med at bruge det at forøge din tekniske viden som en adspredelse fra noget helt andet: at få respekt og tjene penge. For det har intet at gøre med Joomla!, Drupal, Typo3 eller noget andet verdensklasses Open Source CMS og heller ikke med din store ekspertise.

Vågen? Godt, for vi har brug for en klar hjerne til at lære og praktisere, hvordan man får respekt og tjener penge med ekspertise og midler.

TRE TING DU SKAL HAVE FOR ØJE HELE VEJEN IGENNEM

1. Dit omdømme

2. Dine roller

3. Dine opgaver

Tilføj 1. Dit omdømme

Generelt kan IT-medarbejderes omdømme findes på den lave ende af skalaen for respekterede jobs. Ikke enig? Prøv dette!

1. Tag et jakkesæt på og fortæl en tilfældig person om en forretningsmulighed. Skift pludselig til snak om en mulig IT-implementering i henhold til førnævnte forretningsmulighed. Se din troværdighed dale i løbet af nul komma fem.

2. Nævn dit IT-job til unge karrierekvinder ved en fest. Bare se på deres ansigtiger.

Tilføj 2&3. Dine roller og opgaver.

I organisationer består et IT-job af at jonglere med forventninger og hele tiden at sælge og holde dig til planer.

Den gode nyhed er, at der er en masse materiale til rådighed omkring websystem-implementeringer. Den dårlige nyhed er, at der er mennesker involveret i det!

Problemer er de der sære ting, som hopper op, når du ikke holder øjet på bolden: tjen penge og få respekt.

FØRST NOGEN DEFINITIONER

Ressource

En ressource er noget, der er uafklaret, indtil du får input fra en kunde eller en tredjepart. Hvis du ikke får ressourcen, kan du hverken starte eller færdiggøre jobbet. F.eks. digitale billeder fra en fotograf, en liste over menu-elementer i et andet sprog, en underskrift på kontrakten på dit arbejde (ups, beder du aldrig om det?), osv.

Ressource-planlægning

Skal sikre, at kundernes og tredjeparternes ressourcer er klar til brug i et projekt eller support.

Rækkevidde

Løsningens omfang. Størrelsen på f.eks. den funktionalitet, der skal bruges til at tilbyde løsningen<google scope - wikipedia>

Funktionalitets-blokke

En logisk funktionalitets-gruppe under en fælles titel. Udtrykt på normalt menneske-sprog - f.eks. et forum, et design, et interface, avanceret søgning *(et digitalt menneske ville opfinde titler som Jom-social, psd og html/css og templates baseret på wireframes)*.

Release-plan

Release-planen specificerer hvilke funktionalitets-blokke, der skal implementeres til hver system-release samt datoer for disse releases. Release-planen specificerer også hvem (og i hvilke roller), der udfører de pågældende opgaver.

Sprint

Alle anstrengelser, som går i en bestemt fase i et projekt (som aftalt i en release-plan). Ordet "sprint" leder tanken hen på at løbe for at nå en deadline med ingen tid at spilde. Vi skal nå et fly i tide. Fordi flyvemaskinen vil lette, og vi skal være med det. Og derfor pakker vi måske ikke vores taske så godt, nogle ting mangler måske, vi bliver måske stressede, men vi når det i tide! Vi er bedre udstyret på denne måde, end når vi har pakket alt smukt ned i kufferter, men ikke når flyet.

SprintX

Den virtuelle sprint efter den sidste planlagte sprint i release-planen. Det er en beholder til ekstra arbejde (scope creep eller lign.) eller et venteværelse til funktionalitets-blokke, som ikke kunne implementeres i sprints indtil videre.

Kontrakt-administration

Administreringen af kontrakter med kunder, forhandlere, partnere eller medarbejdere. Kontrakt-administration inkluderer forhandling af handelsbetingelser i kontrakter og sikrer overholdelse af samme, såvel som at dokumentere og blive enige om ændringer, som måske bliver nødvendige i implementeringen. Målet: at maksimere finansiel og operationel præstation og minimere risici.

Projektledelse

Denne disciplin har at gøre med at planlægning, organisering, sikkerhed samt administrering af ressourcer for at sikre en vellykket færdiggørelse af specifikke projektmål. For at sige det anderledes: At løbe fra A til B og komme i mål til tiden, lige meget hvad.

Resultater

Hvordan folk forstår verden, og dette gælder især i forhold til implementeringen af et Open Source websystem / Joomla!: Hvordan folk ser resultater i forhold til, hvad man er blevet enige om. Vi har brug for at dykke lidt mere ned i Resultater, fordi synkroniseringen af netop Resultater er nøglen til en værdifuld kontrakt-administrering.

RESULTATER

Resultater er komplekse. Vi har måske forskellige interesser, eller måske påvirker personlige anliggender de roller, vi spiller. Vi har måske forskellige niveauer af erfaring og ekspertise. Vi forstår måske forhandlingerne forskelligt. Men hvad med respekt? Fik de involverede parter, som skrev deres Resultater, nok respekt fra andre i processen? Alle disse faktorier har indflydelse på den måde, vi opfatter tingene.

Eksempel: Et følelsesmæssigt skænderi med din nabo har næsten aldrig noget at gøre med det aktuelle emne. Det er højst sandsynligt noget andet, som har formet jeres opfattelser, der kommer til udtryk i en slags "Resultater".

PSYKOLOGI

Lad os også tage et hurtigt kig på nogle vigtige psykologiske faktorer i forretningslivet. Når det drejer sig om implementeringen af et Open Source websystem, falder vi over et par interessante faktorer, som kan have stor betydning.

Hvad en kunde egentlig gerne vil have

Dækning og fremtidig support. Det er det hele. Han eller hun er ikke interesseret i Open Source, Joomla!, dig, dit produkt, dine mål, din vision osv. Så hold op med at fortælle dumme historier og begynd at stille smarte spørgsmål, som kan sikre dem det, de virkelig gerne vil have.

Service bliver mindre og mindre værd

Alt det, der allerede er gjort, er mindre og mindre værd dagen efter, og alt det, der endnu ikke er blevet gjort, er meget vigtigt, og det haster. Ringer der en klokke?

Altid ret

Kunden har altid ret. Hvis ikke, så ser vi bare forskelligt på emnet ... Det er et godt eksempel på, hvad synkroniseringen af Resultater handler om.

DEADLINE FØRST

Projekter har det med at overskride deres deadline. Hvorfor? Er du så dårlig til at planlægge, eller kan du godt lide at skuffe folk? Selvfølgelig ikke. Får du bugs, som skal rettes, og kommer du ud for nye ressourcer, mens du udvikler? Ja, du gør. Har du et problem med at stoppe udviklingen og starte en grundig test? Leverer du halvfærdige systemer bare for at gøre kunden glad? Det gør du sikkert. Og du bør stoppe med det fra dette øjeblik.

"Deadline først" betyder, at lige meget hvad så leverer vi til tiden. Læs sætningen igen: Vi leverer til tiden.

40 års ICT har ikke kun gjort os godt. Det er helt acceptabelt, at vi ikke leverer til tiden. Endnu værre: det er forventeligt, at mere end 50 % af større ICT projekter verden over ikke bliver til noget. Og vi accepterer, at de bliver dobbelt så dyre som forventet.

Forestil dig, at din købmandsbutik ikke havde noget mælk, selvom du bestilte det over telefonen i går. Forestil dig, at dit bageri hævede priserne fra en dag til en anden med 100 eller 200 %. Hvad ville du sige, hvis bygmesteren, som stod for dit hus, der lige er faldet sammen, sender dig en regning for "arbejde på dit hus"?

Kunder i ICT går bare og mumler om deres utilfredshed. De går deres vej og starter et nyt ICT projekt. Og vi leverandører? Vi slipper af sted med ikke at lave noget. Vi leverer ikke til tiden, vi holder ikke det vi lover, og vi leverer systemer, som ikke vil blive brugt (særlig længe). Somme tider bliver vi sagsøgt af en kunde. Men hvad så: man kan ikke få vand fra en sten. I mange tilfælde betaler vrede kunder ikke sidste faktura (afhænger af, hvor dumme vi var). Men det er egentlig det. Det er nemt. Vi går videre til næste projekt og opfører os på samme måde ...

Stop det!

Lever til tiden, lige meget hvad, ingen undskyldninger, men lever!

SÅDAN LEVERER DU TIL TIDEN

Jeg vil nu gå i detaljer med, hvordan det gøres, og de positive følger af denne opførsel for alle involverede parter, inkl. dine kunder.

Hvordan leverer du til tiden?

Det vigtigste er at "flexe scopen" (hav en fleksibel rækkevidde).

Basecamp-firmaet 37signals[86] skriver i deres visionære guidebog *Getting Real*[87]: Open Source (og også Joomla) websystemer er godt udstyret til at holde sig til denne regel (Læs hele bogen for at se andre gode regler).

1. Open Source har gode prototype- og Proof of Concept-egenskaber, rækkevidden bliver mere klar, når prototyperne er klar, og derefter ændrer rækkevidden sig.

2. Et Open Source websystem har omfattende og brugbare skjulte funktionaliteter om bord samt mange muligheder for at lave ændringer (se også Bliv ved med at forhandle).

3. Rækkevidden skal være fleksibel, fordi kunder ændrer mening mht. hvad de gerne vil have, når de har oplevet de første resultater og muligheder. Kunder lærer på jobbet. Og skifter mening på samme måde. Scope creep er den negative effekt, hvor "flex scope" er den positive løsning.

Dette er trin-for-trin:

1. Vær enig om at sætte deadlines først samt om at være fleksibel med rækkevidden for at nå deadlinen. Forklar ærligt, hvad "flex scope" betyder. Lad os kalde kunderne for "dem". Vær åben, det de gerne vil have nu, får de ikke til slut. Hvorfor ikke? Hvorfor ikke? Bedre indsigt vil føre til andre systemer! De får, hvad de vil have i enhver iteration frem mod slutresultatet.

2. Det er dig, der står for "flex scope" (ingen diskussion, du skal nå din deadline, så det er dig, der tager beslutningerne efter den de indledende møder).

3. Planlæg en tidsbuffer i dit arbejde mod en deadline. Brug bufferen til at flexe scopen og lav en ny version af din release-plan. Gør dette ved at formindske antallet af funktionalitets-blokke i det nuværende sprint.

Håndter dine kunders mulige frustrationer

1. Afskriv aldrig en funktionalitets-blok selv. Placer den i næste sprint eller i SprintX.

2. Videregiv flex scopen med en ny release-plan.

3. Hold dig til prioriteringerne i resultaterne og skriv alle bemærkninger (ingen kopier) eller nye ønsker ned.

STÅ FAST MEN VÆR SYMPATISK

Primære faste standpunkter:

---

[86] http://37signals.com/

[87] http://gettingreal.37signals.com/

1. Accepter aldrig en kontrakt med fast pris igen. Lav heller aldrig en latterlig margin på din notering. Open Source websystem-udvikling og implementering er bare ikke egnet til at arbejde med faste priser. Udforsk 2Value's alert system [339] som er et afbalanceret alternativ mellem en fast pris og "Carte Blanche".

2. Hold dig til operationsreglerne: Ingen betaling? Hold op med at arbejde med det samme, ingen undtagelser.

3. Professionalisme: tilbyd det ved at kræve det.

Sympatisk opførsel med faste holdninger

- A: Skriv og sig altid: "Vi kan ikke" i stedet for "vi vil ikke".

Eksempel: Vi beklager, men vi kan ikke fortsætte med at arbejde på din hjemmeside. Vi har ikke modtaget første betaling. Det er vores politik, at vi kun fortsætter, når forfaldne regninger er betalt.

- B: Sig, at du ikke kan starte denne server virus-fix analyse, før pengene er ankommet til banken, men lad kunden "føle", at dine backendere allerede er i gang med at analysere og rette fejlen.

- C: En support-kontrakt er næsten aldrig en resultat-forsikring. Support på webCMS'er, især de der er baseret på Open Source, kan kun være en forsikring om en god indsats. Det betyder: Vi lover handling, svar og beslutninger samt tilgængelig kapacitet i den nødvendige ekspertise.

Lad være med at lægge ansvaret for kundernes hjemmesides resultater på din forretnings skuldre. De kan ikke bære det. Vægten af flere millioner linjer af kode - andres kode. Kode, som konstant ændres, og som bliver angrebet af landevejsrøvere (hackere) hver dag.

Husk: Før kunden første gang bankede på din dør, var deres hjemmeside aldrig dit problem. Husk dette og mind kunden om det. Nogle af dine kunder tror, at de kan købe dit engagement og din hengivenhed ved at hyre dig til at arbejde med et template i et par timer ... Og nogle af jer opfører jer med det samme som syndere, når en kunde har problemer og hurtigt peger fingeren mod jer pga. et ikke-fungerende system. Igen: Opfør dig som en professionel, og de vil respektere dig som en professionel. Opfør dig som en lavt rangerende assistent, og de vil behandle dig som en dørmåtte.

Et webCMS er kundens problem, og vi kan hjælpe med at forbedre det og give support, når der opstår problemer. Det er ikke dit problem. Forstår du? Lille forskel, stor effekt.

Forstå og gentag dette for dig selv. Du skal dog stadig arbejde hårdt på at få din kundes webshop online igen, før juleindkøbene begynder.

- D: Vi leverer præcis det, vi var enige om (ingen refusion for ingenting), men vi går hele vejen for at levere høj kvalitet.

LØBENDE SALG OG FORHANDLING

Det er indlysende, at du skal sælge et projekt og forhandle betingelser (blandt dem "pris"). Det der er nyt for mange mennesker er, at i et websystem-udviklingsprojekt samt i supporten bagefter skal du løbende sælge og forhandle.

Et par eksempler:

•

- Er det færdigt? Kan jeg sende fakturaen ud nu? ("Nej, der er stadig er par problemer, der skal løses ...")

- Support-anmodning: der skal ændres i et logo på siden. Hvor meget tid skal du bruge på det? ("Det mener du ikke seriøst!...")

- Du synes, det er ekstra arbejde, men din kunde er ikke enig. ("Det står ikke i aftalen, men jeg kan tydeligt huske, at vi snakkede om denne funktionalitet")

Husk, at salg er et spil. Kunden skal have en følelse af, at han har vundet spillet. Giv dem den følelse og få en god handel på samme tid!

For at være med i et spil kugler, har du brug for kugler.

Hvordan får du fat i kuglerne? Ved at skrive under på kontrakten? Nej. Ved at sende fakturaer? Nej, nej. Ved at tilbageholde resultater. Af og til.

Den primære kilde til succes i dit salgsspil er lykke og penge. Bland ikke de to ting sammen.

- Opbyg kredit i dine kunders følelsesmæssige bankkonto (Se Steven R. Covey[88]). Find løsninger på dine frustrationer; du skal også være glad for denne arbejdsrelation!

- Hvis delvise betalinger ankommer til tiden, har du kredit til nye spil.

- Undgå at have for mange ubetalte service-timer. Det gør dig sårbar og baner vejen for, at kunderne kan lægge dig under pres og/eller genoptage forhandlingerne. Jo mere de skylder dig, jo mere tager de med i disse ligegyldige skænderier om ikke at betale dig for dit arbejde. Et tungt pres vejer ned på dig. Men du har selv lagt grunden til det (se: Stå fast men vær sympatisk).

DEFINER ROLLER OG SPIL DEM!

En kunde har mange forskellige bredt accepterede roller: chefen, brugeren, administratoren af websystemet og allervigtigst er han dommeren.

Som den eneste leverandør af websystemet står du alene. Du skal levere systemet: godt, passende, veldokumenteret, til tiden, inden for budgettet. Hvor fair er det?

Jamen, det er slet ikke fair. Lad os se nærmere på, hvad der sker her.

Hvis du nu lyser langt væk af, at du "gør det hele og kan lide det", får du sikkert følgende spørgsmål:

"Vil du råde of til at bruge?"

og

---

[88] http://en.wikipedia.org/wiki/Stephen_Covey

"Kan PHP være backup cyklus for os"

og

"Er det muligt at få flersproget support i tide?"

Der er ikke noget galt med disse spørgsmål, vel? Hvor tit besvarer du dem? ...uden at tænke over, at du lige fik ladet det haglgevær, som er rettet mod dig.

Hvis du nu svarer på disse spørgsmål med "Ja" og uddybede svaret. Det er rigtig pænt af dig! Du ved meget! Den respekt du får stammer fra, at du ikke kun er en god udvikler, men også at du:

- har en meget skarp vision på, hvordan udvælgelsesprocessen bør være;

- er bekendt med LAMP stack og cronjob-mekanismer og du kan fixe dem (woow!)

- har hjemme i det internationale Open Source fællesskab, at især Joomla! CMS er noget særligt for dig; du kender mange mennesker over hele jorden...

"What a man, what a man, what a talented man."

Du har ingen ide om, hvor vi er på vej hen? Ingen problemer, dette var kun harmløse eksempler, så du kan forstå risiciene ved at være alt for modtagelig.

Lad os affyre det haglgevær, som er peget mod dig. Husk, at det var dig selv, der ladede det:

- Vent nu lidt, du rådede os til Joomla, og nu skal vi programmere skræddersyet kode, som måske kan løse de problemer, som Drupal kan løse med det samme?!......

- Hver aften forventede vi at få en sikker kopi af vores hjemmeside, fordi du sagde, at PHP kunne gøre dette. Vi betalte dig for at konfigurere cronjobbet. Og vi er endt med en ubrugelig restore..."

- Du lovede fjersproget support, og nu skal vi betale for det?'

Hvor blev respekten af? Hvorfor opfører kunden sig sådan? Det er åbenlyst, at kunden er vred, og du bliver nok nødt til at arbejde gratis for at gøre ham glad igen! Hvad er dit bedste bud?

Hvad gik der galt? Her er et par elementære ting, når du skal køre en professionel forretning. Og berolig nu ikke dig selv med

åh, nej, men jeg har jo bare et lille firma, en kreativ entrepreneur, og mine kunder er små. Jeg behøver ikke gøre dette.

Et par elementære og universelle ting, når du skal køre en professionel forretning gik galt:

- Du delte ikke dine forskellige talenter op i forskellige roller. Symboliser dem med forskelligfarvede kasketter. Så fra nu af: Definer roller.

- Du satte ikke den rigtige kasket på, da du svarede på spørgsmålene. Det gjorde dig sårbar: kunden kan tage din svar fra ethvert synspunkt. Spil din rolle!

HVORDAN DEFINERER DU ROLLERNE?

Det behøver du ikke. Definitionerne er allerede tilgængelige, bare vælg et sæt roller, som passer til din virksomhed og italesæt dem. Skriv om dem og gør din kunde bekendt med de forskellige roller, du spiller professionelt. Eksempler: Account manager, konsulent, kontrakt manager, projektleder, designer, udvikler, tester, indholds-bygger, hoster.

En kunde eller hans repræsentant vil kun være efter dig, fordi du spiler 10 roller på en gang, HVIS DU LADER DEM.

For at være helt sikker. Brug disse roller explicit på vigtige tidspunkter og spil dem.

Jeg beklager, som din udvikler kan jeg aldrig svare på dit "burde vi bruge Joomla" spørgsmål. Begrundelsen er, at din organisation skal vælge et CMS, og jeg kan få det bedste ud af det. Jeg kan stille dig om til en af mine kollegaer, som er konsulent i firmaet og specialiserer sig i udvælgningsprocessen. Hans honorar er meget rimeligt sammenlignet med de forretningsmæssige risici, han kommer ind på i sin rådgivning.

PHP til backup cyklus. Som kontrakt manager ville jeg sige 'nej' til dig, fordi en backup procedure er uden for rækkevidde. Som projektleder er jeg bange for, at jeg må give dig det samme svar - dog af en anden grund: vi har travlt her i sprinten for at nå deadlinen, vi har ikke planlagt det, og jeg har ikke backup-rutinen med i release-planen, som jeg skal følge. Som udvikler vil jeg sige: Ja, det kan vi godt. Men alarmklokkerne ringer i mit kontor som hoster: restorens karakteristikker skal være klar, før vi kan opfinde en passende backup strategi. Som du ser, er der mange måder at se på dette simple spørgsmål.

Flersproget support i tide? Du skal være mere specifik for at undgå skuffelser i fremtiden. Jeg kunne sige Ja til dig, fordi det er let at installere et oversættelses-modul. Sådan siger jeg med udvikler-kasketten på. Men nogen skal også lave oversættelserne. Og det kunne være mig med en anden kasket på: oversætter/konfigurator. Hvis du forventer, at 'Flersproget support' et lokaliseret indhold, skal jeg udføre en opgave, som jeg ikke er i stand til at udføre: Jeg taler ikke det fremmedsprog, som du fokuserer på, og jeg bor ikke i det land. Om jeg kan udføre dette i tide afhænger af planlægning. Jeg vil se på det næste torsdag, når jeg har projektleder-dag.

Dette virker måske som en fjollet plan, men det er meget alvorlig forretningsførelse.

Taktikker
Eksempel: interaktion design
Din bruger-interaktion design session med kunden vil blive meget lettere, hvis en anden (på dine vegne) nævner den kaskade af retslige tiltag, du kan tage mod ham, så længe fakturaerne ikke bliver betalt. Du kan så prikke kunden på armen og sige "bliv ikke vred på ham, han gør bare sit job. Vi kan ikke skyde skylden på ham, vel?" Kunden vil respektere jer for jeres professionalisme. Forestil dig, hvor svært det er at spille alle disse roller selv.

- For at undgå at bagslag i dit forhold til kunden, kan du "præsentere din rigtige kolleger" (individer). Rigtige kolleger (selv om de ikke ved, at de er dine kolleger) er gode at have omkring dig - du kan:

  - a. skyde skylde på dem

  - b. rose dem for det fantastiske arbejde de har gjort i deres roller

- For at udsætte og aflede: svar på sprøgsmålet i en eller to roller med det samme, men parker det derefter som et agenda-element til en anden rolle. Eksempel: "Ja, teknisk set er det ikke et probem, men jeg er nødt til at se på det på torsdag, når jeg har min projektleder-dag."

- Opfind selv en afledningsmanøvre. Det er ikke noget at skamme sig over. I forretningslivet gør folk det hver eneste dag. Stil dig selv spørgsmålet "Lyder dette som en undskyldning?" Det skal det helst ikke. Det skal helst være en "godt spillet rolle.'.

Gensyn

Gensyn med de fire uafhængige regler om at få respekt og tjene penge i dit arbejde som Open Source ekspert:

1. Deadline først, flex scope

2. Stå fast på dit, men vær sympatisk

3. Husk at sælge og forhandle kontinuerligt

4. Definer dine roller og spil dem!

Ser du?!: At tjene penge og få respekt med Joomla! har intet at gøre med Joomla!.

Kapitel 25

Ressourcer

Denne bog var en begyndelse. Jeg håber, du nød at læse den. Min intention var at guide dig igennem Joomla! 1.7. Vi fik ikke dækket alt, for det havde været for meget.

Jeg tror, vi kunne bruge en bog for udviklere og en template designer bog for at uddybe disse emner yderligere.

Ingen ved hvad fremtiden bringer!

Hvilke brugbare ressourcer er der for dig, der vil lære mere om Joomla! eller vil i kontakt med Joomla! fællesskabet?

FÆLLESSKABET

Som skrevet i bogen er Joomla! bakket op af et verdensomspændende fællesskab. Hvis du kan lide tanken om dette, så kom og vær med!

- Bliv medlem http://community.joomla.org/.

- Læs vores Community Magazine http://magazine.joomla.org/.

- Måske er der en Joomla! brugergruppe nær dig, som du kan komme med i http://community.joomla.org/user-groups.html
Hvis ikke, så start en selv!

- Twitter: http://twitter.com/joomla.

- Facebookgruppe: http://www.facebook.com/joomla.

- Flickr: http://www.flickr.com/groups/joomla/.

DOKUMENTATION
- http://docs.joomla.org/

SIKKEHEDSTJEKLISTE
- http://docs.joomla.org/Security_Checklist_1_-_Getting_Started

JOOMLA! EXTENSIONS
- Joomla! extension directory indeholder mere end 7000 extensions - http://extensions.joomla.org/

JOOMLA! TEMPLATES
- Der findes ikke et centralt register over gratis templates.

- Der findes ikke et centralt register over templates, der koster penge.

Der er mange templateklubber og professionelle, som tilbyder Joomla! templates. Bare søg på nettet, og du vil helt sikkert finde noget, der passer til dig.

ARRANGEMENTER

Joomla! 1.7 - Begynder Guide

- Joomla! er kendt for sine Joomla! days.
  En Joomla! day er en 1-2 dages event af og for fællesskabet. En liste over Joomla! days kan findes her - http://community.joomla.org/events.html
- Der er en international Joomla! konference i Europa, som hedder jandbeyond. Gå til http://jandbeyond.org/ og få mere information.

FREMTIDEN
- Der planlægges en seks månder lang release cyklus, baseret på ideer folk poster i Joomla! idea pool [89].
- Den næste long term release vil være Joomla! 1.8 eller 2.0 (stadig ikke afgjort :)) i januar 2012, med det afhænger naturligvis af, hvordan fællesskabet støtter op om disse ideer.
- Joomla! udvikler-netværket leder altid efter folk som dig :-) http://developer.joomla.org/

TRÆNING
- http://resources.joomla.org/directory/support-services/training.html

KOMMERCIEL SUPPORT
- http://resources.joomla.org/

HOSTING
- http://resources.joomla.org/directory/support-services/hosting.html

CERTIFIKATER
I øjeblikket er det ikke muligt at blive certificeret i Joomla!.

You see, there is enough work left for you, your friends and the rest of the world :-).

---

[89] http://ideas.joomla.org/forums/84261-joomla-idea-pool

cocoate.com

is the publisher of this book and an independent management consultancy, based in France and working internationally.

Specialised in three areas – Consulting, Coaching and Teaching – cocoate.com develops web based strategies for process and project management and public relations; provides customized trainings for open source content management systems Drupal, Joomla! and WordPress, in the area of management and leadership skills and develops educational projects with the focus on non-formal learning.

The European educational projects focus on the promotion of lifelong learning with the goal of social integration. Particular emphasis is placed on learning methods in order to learn how to learn, the conception and realization of cross-generational learning strategies and local community development.

http://cocoate.com

Spend your holidays in Southern France

We were captive to the charme of this old French village from the beginning and that's why we live and work in Fitou.

We restored an old village house into holiday apartments because we like to host guests and share with them our love for this region.

Fitou is situated in the South of France, between Perpignan and Narbonne and is a typical French wine village having guarded the distinctive architectural village houses.

The region around Fitou is known for its wine and is as diverse as it can be, situated not too far from the Pyrenees (one hour drive) and Spain. The Mediterranean climate allows you to enjoy the freshness of the Mediterranean sea at one of the beautiful beaches enclosing the Étang from March until October, as Languedoc-Roussillon is the sunniest area in France.

The country of Cathar offers not only old castles and abbeys but also the historical Canal du Midi.

Our apartments can be rented during the whole year.

The apartments are part of an old traditional stone house in the heart of Fitou. They have been carefully restored and modernized, respecting architectural aspects and conforming to the neighbouring houses. Feel free to discover our apartments and the region surrounding them!

http://fimidi.com